Stefanie Pohlmann

Loben – Belohnen – Verstärken

Die Sammlung der erfolgreichsten Methoden für ein besseres Arbeits- und Sozialverhalten

Auer

Gedruckt auf umweltbewusst gefertigtem, chlorfrei gebleichtem und alterungsbeständigem Papier.

2. Auflage 2016
Nach den seit 2006 amtlich gültigen Regelungen der Rechtschreibung

Illustrationen: Corina Beurenmeister
Satz: Fotosatz H. Buck, Kumhausen
Druck und Bindung: Kessler Druck + Medien, Bobingen
ISBN 978-3-403-**07568**-4

www.auer-verlag.de

Inhaltsverzeichnis

Vorwort . . . 5

Motivation des Einzelschülers

Methoden

Hellblauer Brief . . . 6
Expertenkrone . . . 6
Geburtstagspost . . . 7
Gute-Besserung-Kärtchen . . . 7
Hausaufgaben-Rezept und Hausaufgaben-Pass . . . 8
Heft der Woche . . . 8
Kopfrechen-Arbeitsblatt . . . 9
Mein Lesepass . . . 9
Lobkärtchen . . . 10
Mein Wochenziel . . . 10
Willkommensgruß . . . 11
Zwergen-Zeugnis . . . 11

Kopiervorlagen

KV 1: Hellblauer Brief . . . 12
KV 2: Expertenkrone . . . 13
KV 3: Expertenkärtchen . . . 14
KV 4: Geburtstagspost . . . 15
KV 5: Gute-Besserung-Kärtchen . . . 16
KV 6: Hausaufgaben-Fragebogen „Schüler“ . . . 17
KV 7: Hausaufgaben-Fragebogen „Eltern“ . . . 18
KV 8: Hausaufgaben-Rezept . . . 19
KV 9: Hausaufgaben-Pass . . . 20
KV 10: Heft der Woche: Schild + Lehrerblatt . . . 21
KV 11: Heft der Woche: Schmuckblatt . . . 22
KV 12: Kopfrechen-Arbeitsblatt . . . 23
KV 13: Lesepass . . . 24
KV 14: Leseraupe . . . 25
KV 15: Lieblingsbuch . . . 26
KV 16: Lobkärtchen I . . . 27
KV 17: Lobkärtchen II . . . 28
KV 18: Mein Wochenziel . . . 29
KV 19: Dein Wochenziel . . . 30
KV 20: Willkommensgruß . . . 31
KV 21: Zwergen-Zeugnis . . . 32

Motivation im Klassenverband

Methoden

Klassenuhr . . . 33
Klassometer . . . 33
Motto der Woche . . . 34
Tafelkarten . . . 34
Unser Lernweg . . . 35
Klassenvertrag . . . 35

Kopiervorlagen
KV 22: Klassenuhr ... 36
KV 23: Klassometer: Thermometer ... 37
KV 24: Klassometer: Schilder ... 38
KV 25: Motto der Woche ... 39
KV 26: Tafelkarten I ... 40
KV 27: Tafelkarten II ... 41
KV 28: Tafelkarten III ... 42
KV 29: Unser Lernweg: Meditation ... 43
KV 30: Unser Lernweg: Weg I ... 44
KV 31: Unser Lernweg: Weg II ... 45
KV 32: Unser Lernweg: Schild, Stein, Blume und Fuß ... 46
KV 33: Klassenvertrag: Vertragsplakat ... 47
KV 34: Klassenvertrag: Reflexionskarte ... 48

Selbstreflexion

Methoden
Ballonfahrt ... 49
Bogen zur Selbsteinschätzung ... 49
Mein So-lerne-ich-Heft ... 50
Mein Wochenheftchen ... 50
So war es für mich ... 51

Kopiervorlagen
KV 35: Ballonfahrt: Meditation I ... 52
KV 36: Ballonfahrt: Meditation II ... 53
KV 37: Ballonfahrt: Ballon ... 54
KV 38: Ballonfahrt: Wolken I ... 55
KV 39: Ballonfahrt: Wolken II ... 56
KV 40: Selbsteinschätzungsbogen ... 57
KV 41: Mein So-lerne-ich-Heft: Deckblatt ... 58
KV 42: Mein So-lerne-ich-Heft: Kopiervorlage I ... 59
KV 43: Mein So-lerne-ich-Heft: Kopiervorlage II ... 60
KV 44: Mein So-lerne-ich-Heft: Tipps ... 61
KV 45: Mein Wochenheftchen: Faltbuchvorlage ... 62
KV 46: Mein Wochenheftchen: Faltbuchanleitung ... 63
KV 47: So war es für mich: Bildkarte I ... 64
KV 48: So war es für mich: Bildkarte II ... 65

Feedback

Methoden
Blumenstrauß-Runde ... 66
Dein Wochenheftchen ... 66
Sonnenkind der Woche ... 67
Lehrer-Zeugnis ... 67

Kopiervorlagen
KV 49: Blumenstrauß-Runde: Blumen ... 68
KV 50: Blumenstrauß-Runde: Plakat ... 69
KV 51: Dein Wochenheftchen ... 70
KV 52: Sonnenkind der Woche: Sonne ... 71
KV 53: Sonnenkind der Woche: Strahlen ... 72
KV 54: Lehrer-Zeugnis I ... 73
KV 55: Lehrer-Zeugnis II ... 74

Vorwort

Viele Belohnungssysteme, die im Unterrichtsalltag verwendet werden, sehen ein Loben oder Belohnen für eine einmalige Tätigkeit oder ein einmaliges Verhalten vor. So bekommen die Schüler[1] beispielsweise für einen ordentlichen Hefteintrag einen Stempel, egal wie der Verlauf bis hierher war oder wie es weitergeht. Dabei ist es sehr einseitig und kurzfristig gedacht, wenn man als Lehrer auf diesem Standpunkt stehen bleibt. Gutes und sinnvolles Loben und Belohnen muss nämlich immer von einem Fortschritt ausgehen – den jedes Kind individuell machen kann. Wenn das nicht der Fall ist, erhalten leistungsschwächere Kinder kaum die Chance auf ein Lob.

Effektives Ver- und Bestärken erstreckt sich also über einen längeren Zeitraum und genauso sollte es auch aufgebaut sein. Man sollte daher die recht starr wirkenden Begriffe „Loben" und „Belohnen" ersetzen durch den aktiveren Begriff des Motivierens. Motivieren setzt bei einer erbrachten Leistung oder einem Verhalten an und bestärkt die Kinder darin, diese Vorgehensweise noch weiter auszubauen.

Des Weiteren sollen die Kinder, auch nach Aussage der aktuellen Lehrpläne, in der Lage sein, Verhaltensweisen und erbrachte Leistungen zu reflektieren. Aussagen über das eigene Tun und Handeln zu treffen, ist für Kinder jedoch nicht immer einfach. Deshalb sollte das auf spielerische Weise eingeübt werden. Es kann mit Symbolen unterstützt werden, die den Kindern vertraut sind und die eine bestimmte Bildhaftigkeit zu Grunde setzen. Kinder lernen so auch, andere Menschen gerecht zu beurteilen und ihnen eine entsprechende Rückmeldung (Feedback) zu geben.

In diesem Band finden Sie in den ersten beiden Kapiteln Materialien zur individuellen *Motivation des Einzelschülers* und zur *Motivation im Klassenverband* sowie in den anderen beiden Kapiteln Materialien zur *Selbstreflexion* und zum *Feedback* von Mitschülern und Lehrern. Die kreativen Methoden werden kapitelweise jeweils kurz vorgestellt und die passenden Kopiervorlagen zur einfachen Umsetzung direkt angehängt. Praxisnah und schnell einsetzbar – so verbessern Sie das Arbeits- und Sozialverhalten Ihrer Schüler!

Hellblauer Brief

Einsetzbar ab Klasse 1

Material: Briefkopie (KV 1)

Hinweise zum Einsatz:
- Der hellblaue Brief soll im Gegensatz zum sogenannten blauen Brief (Mitteilung an die Eltern, dass die Versetzung in die nächste Jahrgangsstufe gefährdet ist) positive Seiten des Schülers hervorheben.
- Auf dem Briefformular wird notiert, was das Kind in letzter Zeit besonders gut gemacht hat. Der Brief wird dann mit nach Hause gegeben, von den Eltern unterschrieben und wieder mit in die Schule gebracht. Der Lehrer kann sich dazu Notizen für die Schülerbeobachtungen machen. Der eigentliche Brief verbleibt dann aber beim Schüler bzw. bei den Eltern und kann immer wieder zur Motivation verwendet werden.
- Der Punkt „Das können wir tun, um Ihr Kind noch weiter zu unterstützen" kann ausgefüllt werden, wenn das zu erreichende Ziel über einen längeren Zeitraum verfolgt wird.
- Der hellblaue Brief wird am Elternabend zu Beginn des Schuljahres vorgestellt. So erspart man sich eine separate Elterninfo darüber.

Tipp:
Führen Sie die hellblauen Briefe gleich zu Beginn des Schuljahres ein. So entsteht eine große Motivation, da jedes Kind einen solchen Brief haben möchte.

Expertenkrone

Einsetzbar ab Klasse 1

Material: Expertenkrone (KV 2 – evtl. mehrfach kopiert), Expertenkärtchen (KV 3)

Hinweise zum Einsatz:
- In jedem Fach und jedem Themenbereich gibt es besonders leistungsstarke Kinder, die während des Unterrichts oft wenig Würdigung erfahren, da der Lehrer verstärkt mit den leistungsschwächeren Kindern beschäftigt ist. Die Expertenkrone gibt auch diesen Kindern ein Gefühl der Wertschätzung, indem sie im Unterricht als Ansprechpartner für Mitschüler fungieren, die Hilfe benötigen.
- Sie kann in jedem Fach eingesetzt werden und wird während der Übungsphase an den Tisch eines (oder mehrerer Kinder gestellt), sodass die anderen wissen, dass sie sich bei Problemen und Fragen auch an diese Kinder wenden können.
- Diese Vorgehensweise entlastet nicht nur den Lehrer, sondern stärkt auch das Selbstbewusstsein der Experten-Kinder. Schwächere Kinder erkennen außerdem, dass sie sich nicht immer nur beim Lehrer outen müssen, wenn sie eine Frage haben, sondern auch ihre Mitschüler um Rat fragen können.
- Zudem ist es auch für alle anderen Schüler ein Ansporn, diese Expertenkrone zu erhalten.

Tipp:
Kopieren Sie die Expertenkrone am besten auf festes, gelbes Papier und kleben Sie die Fachkärtchen darauf. Sie können die Fachkärtchen aber auch laminieren und immer zur Krone dazulegen.

→

KV 1 Hellblauer Brief

Hellblauer Brief

Liebe ______

Das hat Ihr Kind in letzter Zeit besonders gut gemacht:

Das können wir tun, um Ihr Kind noch weiter zu unterstützen:

Mit freundlichen Grüßen ______

Datum, Unterschrift

Hellblauer Brief

Liebe ______

Das hat Ihr Kind in letzter Zeit besonders gut gemacht:

Das können wir tun, um Ihr Kind noch weiter zu unterstützen:

Mit freundlichen Grüßen ______

Datum, Unterschrift

Zusätzlich zu diesem Band gibt es im Auer Verlag auch andere Produkte zum Thema „Positives Verstärken" – wie Lobsticker oder Lobstempel. Entsprechende Informationen finden Sie am Ende des Bandes.

Viel Erfolg und Freude bei der Umsetzung!

1 Aufgrund der besseren Lesbarkeit ist in diesem Buch mit Schüler auch immer Schülerin gemeint, ebenso verhält es sich mit Lehrer und Lehrerin etc.

Hellblauer Brief

Einsetzbar ab Klasse 1

Material: Briefkopie (KV 1)

Hinweise zum Einsatz:
- Der hellblaue Brief soll im Gegensatz zum sogenannten blauen Brief (= Mitteilung an die Eltern, dass die Versetzung in die nächste Jahrgangsstufe gefährdet ist) positive Seiten des Schülers hervorheben.
- Auf dem Briefformular wird notiert, was das Kind in letzter Zeit besonders gut gemacht hat. Der Brief wird dann mit nach Hause gegeben, von den Eltern unterschrieben und wieder mit in die Schule gebracht. Der Lehrer kann sich dazu Notizen für die Schülerbeobachtungen machen. Der eigentliche Brief verbleibt dann aber beim Schüler bzw. bei den Eltern und kann immer wieder zur Motivation verwendet werden.
- Der Punkt „Das können wir tun, um Ihr Kind noch weiter zu unterstützen“ kann ausgefüllt werden, wenn das zu erreichende Ziel über einen längeren Zeitraum verfolgt wird.
- Der hellblaue Brief wird am Elternabend zu Beginn des Schuljahres vorgestellt. So erspart man sich eine separate Elterninfo darüber.

Tipp:
Führen Sie die hellblauen Briefe gleich zu Beginn des Schuljahres ein. So entsteht eine große Motivation, da jedes Kind einen solchen Brief haben möchte.

Expertenkrone

Einsetzbar ab Klasse 1

Material: Expertenkrone (KV 2 – evtl. größer und mehrfach kopiert), Expertenkärtchen (KV 3)

Hinweise zum Einsatz:
- In jedem Fach und jedem Themenbereich gibt es besonders leistungsstarke Kinder, die während des Unterrichts oft wenig Würdigung erfahren, da der Lehrer in der Regel verstärkt mit den leistungsschwächeren Kindern beschäftigt ist. Die Expertenkrone gibt auch diesen Kindern ein Gefühl der Wertschätzung, indem sie im Unterricht als Ansprechpartner für Mitschüler fungieren, die Hilfe benötigen.
- Sie kann in jedem Fach eingesetzt werden und wird während der Übungsphase an den Tisch eines (oder mehrerer Kinder gestellt), sodass die anderen wissen, dass sie sich bei Problemen und Fragen auch an diese Kinder wenden können.
- Diese Vorgehensweise entlastet nicht nur den Lehrer, sondern stärkt auch das Selbstbewusstsein der Experten-Kinder. Schwächere Kinder erkennen außerdem, dass sie sich nicht immer beim Lehrer outen müssen, wenn sie eine Frage haben, sondern auch ihre Mitschüler um Rat fragen können.
- Zudem ist es auch für alle anderen Schüler ein Ansporn, die Expertenkrone zu erhalten.

Tipp:
Kopieren Sie die Expertenkrone am besten auf festes, gelbes Papier und kleben Sie die Expertenkärtchen darauf. Sie können die Expertenkärtchen aber auch laminieren und immer zur Krone dazulegen.

Geburtstagspost

Einsetzbar ab Klasse 1/2

Material: Deckblatt (auf buntes Tonpapier kleben) und „Ich finde dich toll"-Blatt (KV 4)

Hinweise zum Einsatz:
- Damit die Schüler an ihrem Geburtstag eine besondere Würdigung erfahren, wird dieser Tag nach einem bestimmten Ritual auch in der Schule gefeiert. Eine besonders tolle Geste ist es, wenn das Geburtstagskind von der restlichen Klasse eine Geburtstagspost bekommt.
- Hierzu bekommt jedes Kind ein „Ich finde dich toll"-Blatt kopiert, auf das es notiert, was ihm am Geburtstagskind besonders gut gefällt. Zusätzlich können darauf Glückwünsche oder Bilder geschrieben und gemalt werden.
- Zu Beginn bedarf es sicherlich einiger Hilfestellungen, was die Kinder schreiben können. Mit der Zeit sind sie jedoch angespornt, zu einem Kind auch mehrere Punkte zu finden.
- Alternativ kann auch jedes Kind ein leeres weißes Blatt (DIN A5) bekommen, auf das es Geburtstagsglückwünsche schreiben kann.
- Die einzelnen Blätter werden dann vom Lehrer gelocht, mit dem Deckblatt versehen und als kleines Buch zusammengebunden. Dem Geburtstagskind wird es während der persönlichen Geburtstagsfeier übergeben.

Tipp:
Gestalten auch Sie als Lehrer eine Seite, so erhält die Geburtstagspost noch eine zusätzliche Würdigung.

Gute-Besserung-Kärtchen

Einsetzbar ab Klasse 1

Material: Gute-Besserung-Kärtchen (KV 5), evtl. Plakat, evtl. Schnellhefter mit Klarsichtfolien

Hinweise zum Einsatz:
- Kranke Kinder freuen sich, wenn sie merken, dass ihre Mitschüler sie vermissen und an sie denken. Hierfür eignen sich ideal Gute-Besserung-Kärtchen, die auf verschiedene Weise genutzt werden können.
- Oft steckt man das Material für kranke Kinder in eine Folie. Das Kärtchen kann hier mit dabei stecken.
- Einige Lehrer haben für kranke Kinder auch einen Schnellhefter, in dem Klarsichtfolien stecken. Die Deckseite könnte auch mit dem Kärtchen gestaltet sein. So muss nicht immer ein neues kopiert werden.
- Für länger erkrankte Kinder oder Kinder, die im Krankenhaus sind, kann das Kärtchen in die Mitte eines Plakates geklebt werden, auf dem dann jeder Klassenkamerad unterschreibt oder einige Genesungswünsche hinterlässt.

Hausaufgaben-Rezept und Hausaufgaben-Pass

Einsetzbar ab Klasse 1

Material: Fragebögen (KV 6/KV 7), Hausaufgaben-Rezept (KV 8), Hausaufgaben-Pass (KV 9)

Hinweise zum Einsatz:
- Kinder zur regelmäßigen und sorgfältigen Erledigung ihrer Hausaufgaben zu motivieren, ist ein wesentlicher Aspekt, wenn es um die Verbesserung des Arbeitsverhaltens geht.

- Dieses Material sollte nicht sofort mit Beginn eines neuen Schuljahres verwendet werden – es sei denn, man kennt die Klasse bereits aus dem Vorjahr. Zunächst sollte man sich in den ersten Wochen ein eigenes Bild vom Hausaufgabenverhalten der Klasse machen.
- Der Fragebogen für die Schüler sollte unbedingt in der Schule ausgefüllt werden, um hier möglichst ehrliche Antworten zu erhalten. Die einzelnen Punkte können auch zusammen mit den Schülern gelesen und erklärt werden.
- Der Fragebogen für die Eltern sollte nach dem Ausfüllen durchaus kritisch betrachtet werden, da einige Punkte auch darauf ausgelegt sind, das eigene Verhalten der Eltern und die Situation zu hinterfragen.
- Der Lehrer erhält mit beiden Fragebögen einen Überblick über die Hausaufgabensituation aus zwei verschiedenen Sichtweisen und zusammen mit seinem eigenen Standpunkt hat er nun die Möglichkeit, an speziellen Punkten mit der Arbeit anzusetzen.
- Das Rezept für Hausaufgaben wird zusammen mit den Kindern erarbeitet. Man könnte z. B. jeden Punkt auf ein Plakat schreiben. Die Plakate werden im Klassenzimmer ausgelegt und die Schüler notieren darauf, warum dieser Punkt wichtig ist (möglich ab Klasse 3). Anschließend erhält jedes Kind dieses „Rezept".
- Mit Schülern, die Probleme beim Erledigen der Hausaufgaben haben, arbeitet man mit dem Hausaufgaben-Pass, der immer zu Beginn der Woche ausgeteilt wird: Am Morgen zeigt das Kind die Hausaufgaben vor und der Hausaufgaben-Pass wird ausgefüllt. Am Ende der Woche wird der Pass unterschrieben (von Schüler und Lehrer) und zu den Schülerbeobachtungen geheftet. Hat das Kind alles gut erledigt, erhält es einen Belobigungs-Sticker.
- Mit dem Pass wird so lange gearbeitet, bis sich das Hausaufgabenverhalten verbessert. Das Kind kann dann auch einen neuen Fragebogen ausfüllen und man kann besprechen, was sich verbessert hat.

Tipp:
Das Rezept für Hausaufgaben sollte entweder in die Hausaufgabenmappe oder direkt in das Hausaufgabenheft geklebt werden – so ist es zu jeder Zeit sichtbar.

Heft der Woche

Einsetzbar ab Klasse 1

Material: Schild „Heft der Woche" (KV 10 oben), Lehrerblatt (KV 10 unten), Schmuckblatt für Schüler (KV 11)

Hinweise zum Einsatz:
- Beim Heft der Woche wird pro Woche ein besonders gut gelungener Hefteintrag eines Schülers im oder vor dem Klassenzimmer ausgestellt.
- Am besten wird das Heft auf eine kleine Staffelei und an einen Platz gestellt, der für jedes Kind frei zugänglich ist.
- Mit einer Wäscheklammer wird das Schild „Heft der Woche" am Heft befestigt – so bleibt das Heft auch geöffnet.
- Unter dem eigentlichen Eintrag klebt ein Arbeitsblatt des Lehrers, auf dem steht, was am Eintrag besonders gut gelungen ist (z. B.: Du hast besonders ordentlich geschrieben. Du hast toll ausgemalt. Du hast an Datum und Eintragsnummer gedacht.)
- Neben dem Heft liegt ein Schmuckblatt, auf dem die Mitschüler notieren können, was ihnen am Eintrag besonders gut gefällt. Dieses Schmuckblatt wird nach der Woche bzw. dem gewählten Ausstellungszeitraum in den Einband des jeweiligen Heftes gelegt, sodass sich das Kind das ganze Schuljahr über immer wieder daran erinnern kann.

- Diese Methode ist besonders gut dazu geeignet, Schüler für einen individuellen Lernfortschritt zu loben, da auch Kleinigkeiten (z. B. Unterstreichen, Ordentliches Schreiben eines schwierigen Buchstabens) hervorgehoben werden können.

Tipp:
Das Arbeitsblatt des Lehrers sollte zu Beginn so eingeklebt werden, dass alle Schüler es sehen können. So fällt diesen das Kommentieren leichter. Im Laufe des Schuljahres werden die Kinder beim Beurteilen immer sicherer.

Kopfrechen-Arbeitsblatt

Einsetzbar ab Mitte Klasse 1

Material: Kopfrechen-Arbeitsblatt (KV 12 in Klassenstärke kopiert)

Hinweise zum Einsatz:
- Jede Mathematikeinheit sollte mit einer kurzen Kopfrechenphase beginnen.
- In dieses Kopfrechen-Arbeitsblatt werden nicht nur die Ergebnisse eingetragen. Das obere der beiden grauen Felder dient dazu, die Gesamtanzahl der richtigen Ergebnisse zu notieren. Im untersten Kästchen notieren die Schüler für sich ihre Entwicklung im Bezug zum vorherigen Kopfrechen: Pfeil nach oben ↑ = Verbesserung, Pfeil nach rechts → = gleiche Leistung, Pfeil nach unten ↓ = Verschlechterung). Hierdurch entsteht ein großer Ansporn für die Kinder und jedes Kind kann sich auf seinem Niveau verbessern.
- Volle Kopfrechen-Arbeitsblätter werden durch neue ersetzt.
- Für jedes volle AB, das mindestens 7 Pfeile nach oben oder nach rechts hat, kann das Kind einen Belobigungssticker erhalten.

Tipp:
Um die Motivation während des Schuljahres aufrechtzuerhalten, kann der Lehrer nach jeder Kopfrechenphase Fragen stellen, die jedoch kein Kind bloßstellen dürfen (z. B.: Wer hat sich zum letzten Mal hin verbessert?, Wer hat sich schon viermal verbessert?).

Mein Lesepass

Einsetzbar ab Klasse 2

Material: Lesepass (KV 13), Leseraupe (KV 14): Raupenkopf an der Wand befestigt; Raupenglieder in ausreichender Anzahl evtl. bunt kopiert, Bücherstapel (KV 15: Lieblingsbuch) bunt kopiert

Hinweise zum Einsatz:
- Die Leseraupe wird zu Beginn des Schuljahres eingeführt.
- In der 2. oder 3. Klasse würde es sich anbieten, die Raupe mit dem Bilderbuch „Die kleine Raupe Nimmersatt“ von Eric Carle vorzustellen. Der Kopf der Raupe hängt dazu vergrößert an der Tafel.
- Folgende Gedanken könnte man einfließen lassen: Auch die Leseraupe ist niemals satt, aber Süßigkeiten, Brot und Wurst schmecken ihr nicht. Mit was diese Raupe wohl zu füttern ist? Die Schüler werden Vermutungen anstellen und verschiedene Text- bzw. Buchsorten nennen. (Hilfe: Bestimmt kennst du verschiedene Arten von Büchern, wie z. B. Detektivgeschichten!)
Die Raupe wird am allerbesten satt, wenn sie die Lieblingsbücher und Lieblingsgeschichten von Kindern isst. Die Schüler sprechen zunächst in Partnerarbeit, dann im Plenum über ihre Lieblingsgeschichten. Damit die Raupe das ganze Schuljahr über satt ist, müssen wir sie mit unseren Geschichten und Büchern füttern.

- Der Lehrer teilt die Lesepässe aus. Die Beschreibung zu dessen Verwendung steht auf dem Lesepass. (Er kann auch von jemand anderem außer den Eltern unterschrieben werden.)
- Die unterschriebenen Lesepässe sammelt der Lehrer und kann sie in eine Liste eintragen. So bekommt er automatisch eine Übersicht über die Leseaktivität der Kinder.
- Für jeden unterschriebenen Lesepass bekommt der Schüler ein Raupenglied. Dieses wird dann entlang des Raupenkopfes befestigt. So wächst die Raupe im Laufe des Jahres immer weiter.
- Um die Kinder gleich zu Beginn zum Lesen zu motivieren, soll jedes Kind sein Lieblingsbuch mit in die Schule bringen. Dazu wird von jedem Kind ein Buchrücken aus dem Bücherstapel ausgefüllt. Im Morgenkreis stellt ein Kind sein Buch vor, es kann etwas dazu sagen und seine Lieblingsstelle vorlesen.
- Während des Schuljahres kann jedes Kind immer wieder ein für es interessantes Buch vorstellen. So wächst der Bücherstapel über das Jahr an.

Tipp:
Um die Motivation für den Lesepass während des Schuljahres aufrechtzuerhalten, kann man auch ankündigen, zum Ende des Schuljahres eine Siegerehrung zu veranstalten.

Lobkärtchen

Einsetzbar ab Klasse 1

Material: Lobkärtchen (KV 16/KV 17)

Hinweise zum Einsatz:
- Je nach Bedarf füllen Sie die Kärtchen passend für die Schüler aus.
- Auch die bereits vorgefertigten Kärtchen können verwendet werden, wenn diese auf das Verhalten der Schüler zutreffen.
- Hierbei wird bei jedem Kind eine andere Seite gewürdigt und hervorgehoben, was das Selbstbewusstsein steigert.
- Jedes Kärtchen wird vom Lehrer unterschrieben und erhält dadurch nochmals eine persönliche Würdigung.
- Die Arbeit mit den Lobkärtchen sollte nicht allzu oft (aber in regelmäßigen Abständen) erfolgen, um den Anreiz nicht zu verlieren.

Tipp:
Legen Sie die Lobkärtchen den Schülern morgens, bevor sie das Klassenzimmer betreten, an den Sitzplatz. Die Kinder werden überrascht sein und sich sehr freuen.

Mein Wochenziel

Einsetzbar ab Klasse 1

Material: Kopiervorlage „Mein Wochenziel“ (KV 18), Kopiervorlage „Dein Wochenziel“ (KV 19)

Hinweise zum Einsatz:
- Dieses Material dient dazu, mit einzelnen Kindern intensiver an einer Sache zu arbeiten.
- Zu Beginn einer bzw. zum Ende einer Woche wird zusammen mit dem Kind ein Vereinbarungsgespräch geführt, in dem ein realistisches Ziel besprochen wird, das in der folgenden Woche erreicht werden kann (z. B. Ich melde mich leise. Ich mache jeden Tag meine Hausaufgabe.).

- Dieses Ziel wird auf beiden Kopiervorlagen notiert. Das Arbeitsblatt „Mein Wochenziel“ bleibt beim Schüler und soll am Ende jedes Schultages vom Schüler ausgefüllt werden. Das AB „Dein Wochenziel“ behält der Lehrer und wird zu die Schülerbeobachtungen geheftet. Hier macht sich der Lehrer im Laufe der Woche Notizen.
- Am Ende der Woche findet ein weiteres kurzes Gespräch über das Wochenziel statt. Hier wird darüber gesprochen, was im Laufe der Woche schwierig war, was gut lief und wo sich das Kind noch verbessern kann. Auch mögliche Gründe dafür können erörtert werden. Auf der Basis dieser Erfahrungen kann dann ein weiteres Ziel vereinbart werden. Die Unterschriften auf beiden Blättern sollen die Wichtigkeit der Vereinbarung für den Schüler unterstützen.

Tipp:
Versuchen Sie, das Vereinbarungsgespräch mit dem Kind so zu führen, dass das zu erreichende Verhalten vom Kind selbst ausgesprochen wird. So wird es für das Kind zum „eigenen“ Ziel, das nicht von einer anderen Person bestimmt wird.

Willkommensgruß

Einsetzbar ab Klasse 1

Material: Willkommensgruß (KV 20 – farbig kopiert)

Hinweise zum Einsatz:
- Der Willkommensgruß ist eine Kleinigkeit, über die sich die Kinder aber sehr freuen und sich so gleich willkommen fühlen.
- Er liegt am ersten Schultag auf jedem Sitzplatz im Klassenzimmer.
- Man kann z. B. noch eine kleine Süßigkeit dazulegen.
- Sie können für alle das gleiche Motiv verwenden oder variieren.

Zwergen-Zeugnis

Einsetzbar in Klasse 1/2

Material: Formular „Zwergen-Zeugnis“ (KV 21)

Hinweise zum Einsatz:
- Kinder in der 1. und 2. Klasse erhalten zwar ein Zeugnis, können aber mit dessen Inhalt wenig anfangen. Deshalb ist es sinnvoll, dass auch die Erst- und Zweitklässler etwas bekommen, das ihnen hilft, sich selbst einschätzen zu können.
- Das Zwergen-Zeugnis zeigt ihnen auf einen Blick, in welchen Bereichen sie gut sind und welche Bereiche sie noch verbessern können.
- Die Bilder helfen besonders den Erstklässlern, ihre Leistungen mit dem passenden Bereich in Verbindung zu bringen.
- Zudem sind die Kinder unheimlich stolz, ihr eigenes Zeugnis zu bekommen.

Tipp:
Am besten hält der Lehrer mit jedem Kind bei der Zeugnisvergabe ein kurzes Zeugnisgespräch ab. So kann man dem Kind noch in einigen persönlichen Worten die wichtigsten Dinge mitteilen. Hier sollten vor allem die positiven Verhaltensweisen und Lernfortschritte genannt werden. Die restliche Klasse kann in der Zeit beispielsweise ein Zeugnis an den Lehrer (siehe „Lehrer-Zeugnis“ – S. 67) schreiben bzw. malen.

KV 1 Hellblauer Brief

Hellblauer Brief

Liebe ______________________________ !

Das hat Ihr Kind in letzter Zeit besonders gut gemacht:

____

____

____

____

Das können wir tun, um Ihr Kind noch weiter zu unterstützen:

____

____

Mit freundlichen Grüßen ______________________________

____

Datum, Unterschrift

Hellblauer Brief

Liebe ______________________________ !

Das hat Ihr Kind in letzter Zeit besonders gut gemacht:

____

____

____

____

Das können wir tun, um Ihr Kind noch weiter zu unterstützen:

____

____

Mit freundlichen Grüßen ______________________________

____

Datum, Unterschrift

KV 2 Expertenkrone

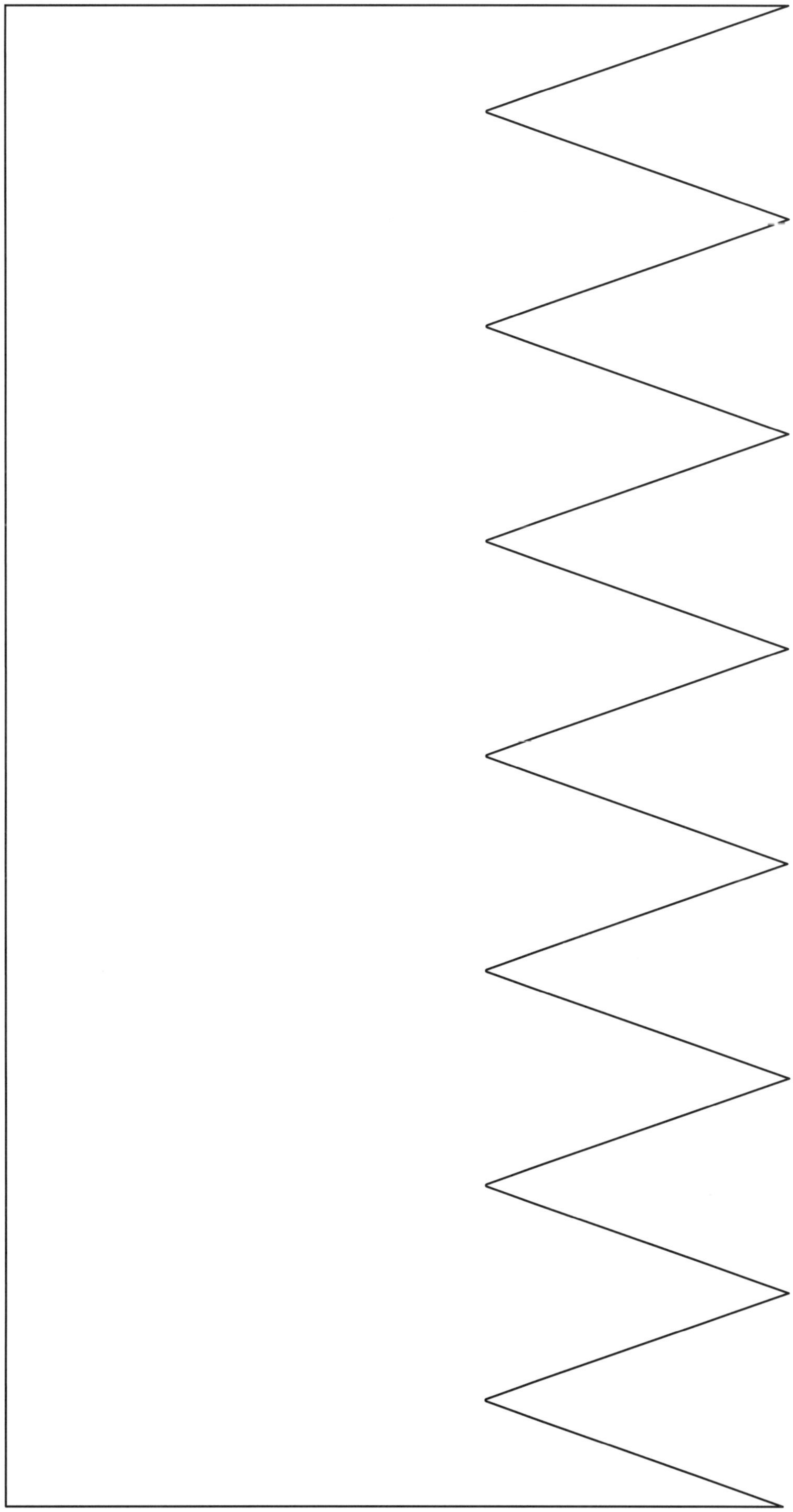

KV 3 Expertenkärtchen

Experte für
Deutsch

Experte für
Mathematik

Experte für
Sachunterricht

Experte für
Kunst

Experte für
Musik

Experte für
Englisch

Experte für
Rechtschreiben

Experte für

____

KV 4 Geburtstagspost

Ich finde dich toll,
weil

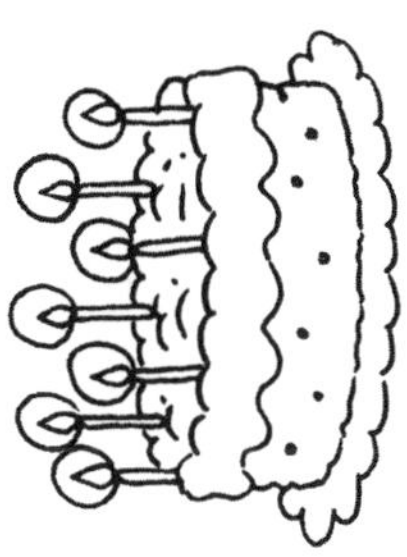

Geburtstagspost
für

KV 5 Gute-Besserung-Kärtchen

Gute
Besserung

Gute
Besserung

Gute
Besserung

Gute
Besserung

KV 6 Hausaufgaben-Fragebogen „Schüler"

Fragebogen an die Schüler

Mein Name: ________________________________ Datum: ______________

	So geht es mir öfters.	So geht es mir nur manchmal.	So ist es mir noch nie gegangen.
Ich schreibe mir die Hausaufgaben nicht in das Hausaufgabenheft.			
Ich habe in der Schule zu wenig Zeit, mir die Hausaufgaben aufzuschreiben.			
Die Hausaufgaben werden in der Schule zwar erklärt, aber ich verstehe sie trotzdem nicht.			
Zu Hause denke ich nicht mehr daran, dass ich Hausaufgaben habe. Ich erledige sie dann abends.			
Zu Hause hilft mir niemand, wenn ich Fragen habe.			
Ich vergesse Hefte oder Bücher, die ich für die Hausaufgaben brauche, in der Schule.			
Ich bin zu Hause zu müde, um die Hausaufgaben zu erledigen.			
Ich finde zu Hause keinen ruhigen Platz, um meine Hausaufgaben zu erledigen.			
Ich brauche sehr lange für die Hausaufgaben.			

KV 7 Hausaufgaben-Fragebogen „Eltern“

Fragebogen an die Eltern

Name des Kindes: ______________________________ Datum: ______________

Bitte beantworten Sie die Fragen ehrlich. Nur so können wir für Ihr Kind eine optimale Situation erreichen!

	So ist es öfters.	So ist es nur manchmal.	So ist es noch nie gewesen.
Mein Kind schreibt sich die Hausaufgaben nicht in das Hausaufgabenheft.			
Mein Kind hat in der Schule zu wenig Zeit, sich die Hausaufgaben aufzuschreiben.			
Mein Kind versteht die Hausaufgaben nicht.			
Mein Kind erledigt die Hausaufgaben erst abends.			
Nachmittags kann jemand unserem Kind helfen, wenn es Fragen hat.			
Mein Kind vergisst Hefte oder Bücher, die es für die Hausaufgabe braucht, in der Schule.			
Mein Kind ist zu Hause zu müde, um die Hausaufgaben zu erledigen.			
Mein Kind hat zu Hause keinen ruhigen Platz, um die Hausaufgaben zu erledigen.			
Mein Kind braucht sehr lange für die Hausaufgaben.			

KV 8 Hausaufgaben-Rezept

Mein Rezept für Hausaufgaben

1) Ich schreibe mir alles genau und sauber in mein Hausaufgabenheft.
2) Zu Hause esse ich gemütlich zu Mittag.
3) Ich richte meinen Arbeitsplatz her, hole die Hefte und Bücher aus dem Schulranzen, die ich brauche, und stelle mir etwas zu trinken bereit.
4) Ich nehme mir Zeit für die Hausaufgabe.
5) Ich konzentriere mich und lasse mich nicht ablenken. Fernseher und Radio schalte ich aus.
6) Wenn ich mit einer Hausaufgabe fertig bin, streiche ich sie im Hausaufgabenheft durch.
7) Am Ende kontrolliere ich, ob ich alles erledigt habe.
8) Nun kann ich meine Schultasche für den nächsten Tag packen.

☺ Jetzt kann ich spielen gehen! ☺

Mein Rezept für Hausaufgaben

1) Ich schreibe mir alles genau und sauber in mein Hausaufgabenheft.
2) Zu Hause esse ich gemütlich zu Mittag.
3) Ich richte meinen Arbeitsplatz her, hole die Hefte und Bücher aus dem Schulranzen, die ich brauche, und stelle mir etwas zu trinken bereit.
4) Ich nehme mir Zeit für die Hausaufgabe.
5) Ich konzentriere mich und lasse mich nicht ablenken. Fernseher und Radio schalte ich aus.
6) Wenn ich mit einer Hausaufgabe fertig bin, streiche ich sie im Hausaufgabenheft durch.
7) Am Ende kontrolliere ich, ob ich alles erledigt habe.
8) Nun kann ich meine Schultasche für den nächsten Tag packen.

☺ Jetzt kann ich spielen gehen! ☺

KV 9 Hausaufgaben-Pass

Hausaufgaben-Pass

Name: ____________________

Woche: ____________________

	So ging es mir bei der Hausaufgabe			Ich habe meine Hausaufgabe komplett und ordentlich erledigt		
Montag	☹	😐	☺	☹	😐	☺
Dienstag	☹	😐	☺	☹	😐	☺
Mittwoch	☹	😐	☺	☹	😐	☺
Donnerstag	☹	😐	☺	☹	😐	☺
Freitag	☹	😐	☺	☹	😐	☺

____________________ ____________________

Unterschrift Schüler Unterschrift Lehrer

Hausaufgaben-Pass

Name: ____________________

Woche: ____________________

	So ging es mir bei der Hausaufgabe			Ich habe meine Hausaufgabe komplett und ordentlich erledigt		
Montag	☹	😐	☺	☹	😐	☺
Dienstag	☹	😐	☺	☹	😐	☺
Mittwoch	☹	😐	☺	☹	😐	☺
Donnerstag	☹	😐	☺	☹	😐	☺
Freitag	☹	😐	☺	☹	😐	☺

____________________ ____________________

Unterschrift Schüler Unterschrift Lehrer

KV 10 Heft der Woche: Schild + Lehrerblatt

Heft der Woche

Ich finde deinen Hefteintrag toll, weil …

KV 11 Heft der Woche: Schmuckblatt

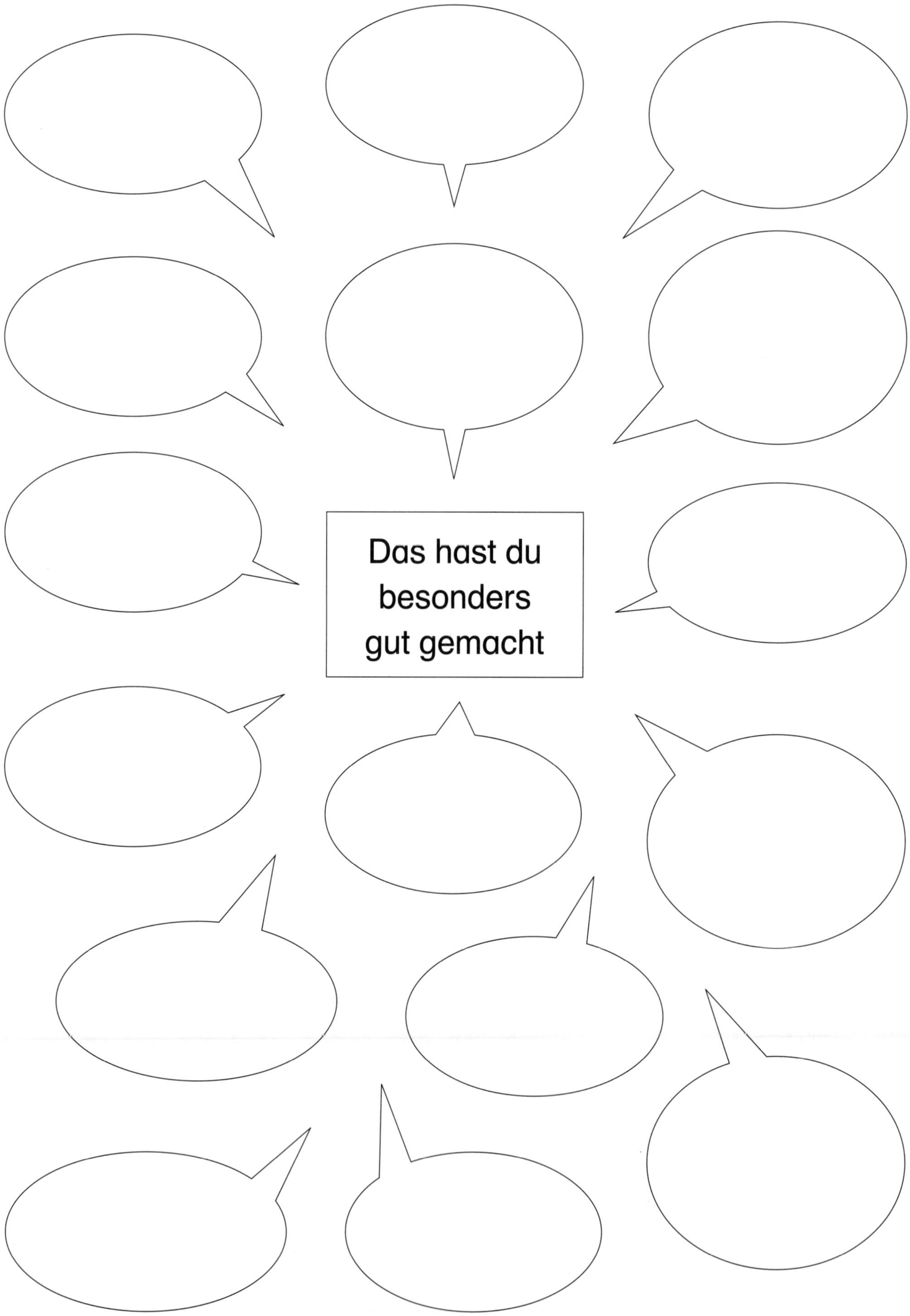

KV 12 Kopfrechen-Arbeitsblatt

	Name:	Datum:

Bist du fit im Kopfrechnen?

1	2	3	4	5	6	7

8	9	10	11	12	13	14

KV 13 Lesepass

Mein Lesepass

Name: ______________________________

Datum:	Unterschrift:	Datum:	Unterschrift:

Für 10 Minuten Lesen bekommst du eine Unterschrift. Wenn dein Lesepass voll ist, gibst du ihn bei deinem Lehrer ab und bekommst dafür ein Stück unserer Leseraupe.

Mein Lesepass

Name: ______________________________

Datum:	Unterschrift:	Datum:	Unterschrift:

Für 10 Minuten Lesen bekommst du eine Unterschrift. Wenn dein Lesepass voll ist, gibst du ihn bei deinem Lehrer ab und bekommst dafür ein Stück unserer Leseraupe.

KV 14 Leseraupe

KV 15 Lieblingsbuch

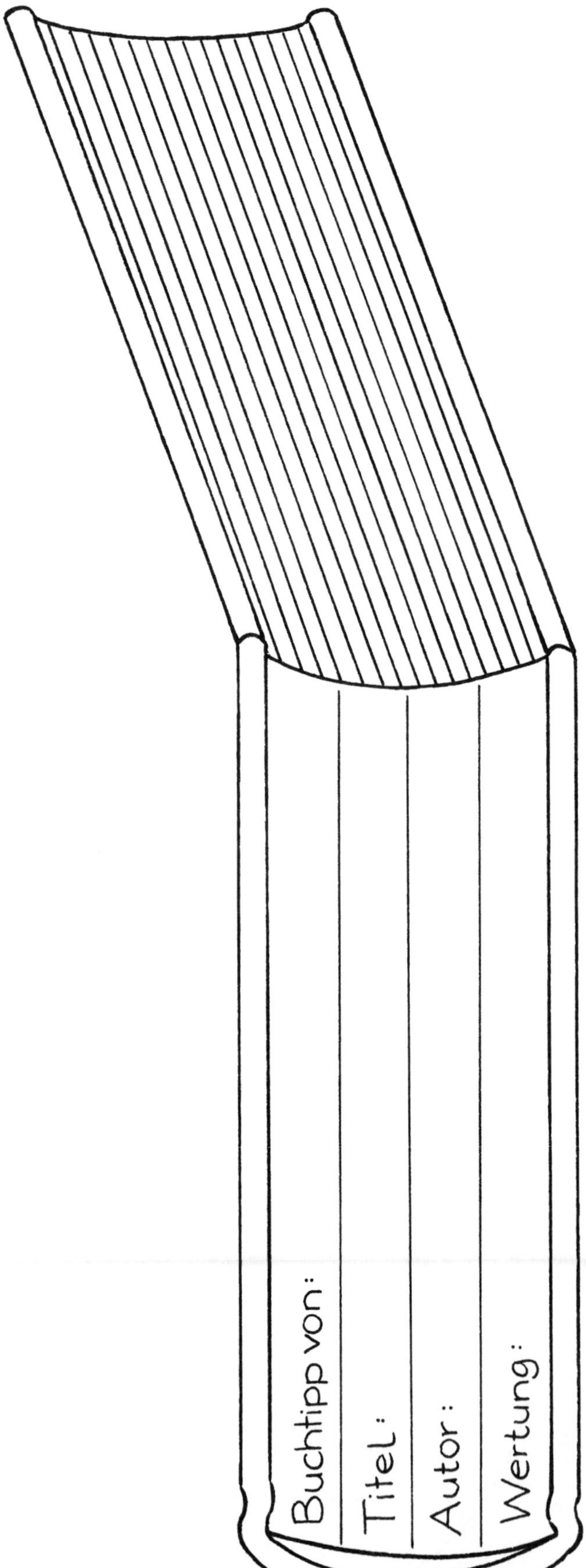

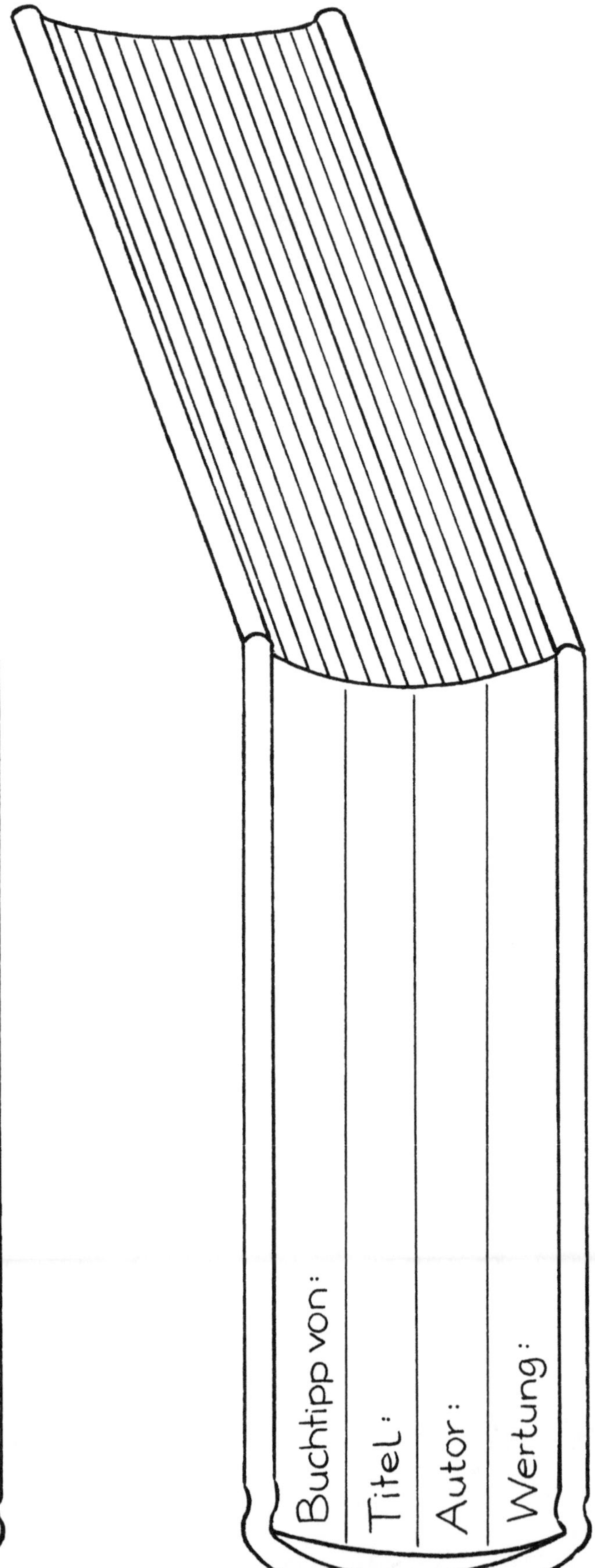

KV 16 Lobkärtchen I

Das hast du in Mathe gut gemacht:

Unterschrift Lehrer/in

Das hast du in Deutsch gut gemacht:

Unterschrift Lehrer/in

Das hast du im Lesen gut gemacht:

Unterschrift Lehrer/in

Das hast du im Schreiben gut gemacht:

Unterschrift Lehrer/in

Ich bin stolz auf dich, weil

Unterschrift Lehrer/in

Ich freue mich, weil

Unterschrift Lehrer/in

Ich bin froh, dass du in dieser Klasse bist, weil

Unterschrift Lehrer/in

Ich finde toll, dass du

Unterschrift Lehrer/in

KV 17 Lobkärtchen II

Du hast diese Woche die Klassendienste wunderbar erledigt.

Unterschrift Lehrer/in

Du hast diese Woche toll im Wochenplan gearbeitet.

Unterschrift Lehrer/in

Du hast dich diese Woche beim Arbeiten nicht ablenken lassen.

Unterschrift Lehrer/in

Du hast diese Woche nicht mit deinen Mitschülern gestritten.

Unterschrift Lehrer/in

Du hast dich diese Woche leise gemeldet.

Unterschrift Lehrer/in

Du hast deine Hausaufgabe vollständig und sauber erledigt.

Unterschrift Lehrer/in

Du hast daran gedacht, deinen Arbeitsplatz sauber zu halten.

Unterschrift Lehrer/in

Du hast den anderen immer gut zugehört.

Unterschrift Lehrer/in

KV 18 Mein Wochenziel

Mein Wochenziel

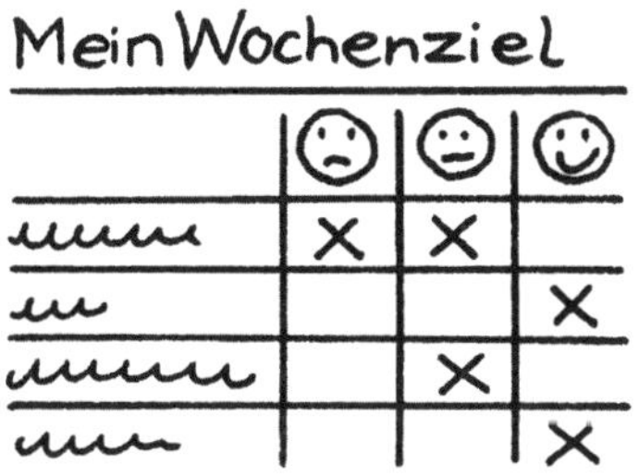

Name: ______________________

Datum: ______________________

Mein Ziel für diese Woche:

____

____

Montag	☹	😐	☺
Dienstag	☹	😐	☺
Mittwoch	☹	😐	☺
Donnerstag	☹	😐	☺
Freitag	☹	😐	☺

So habe ich mich diese Woche verhalten:

____

____

Das war schwierig für mich:

____

____

______________________ Unterschrift Lehrer/in

______________________ Unterschrift Schüler/in

KV 19 Dein Wochenziel

Dein Wochenziel

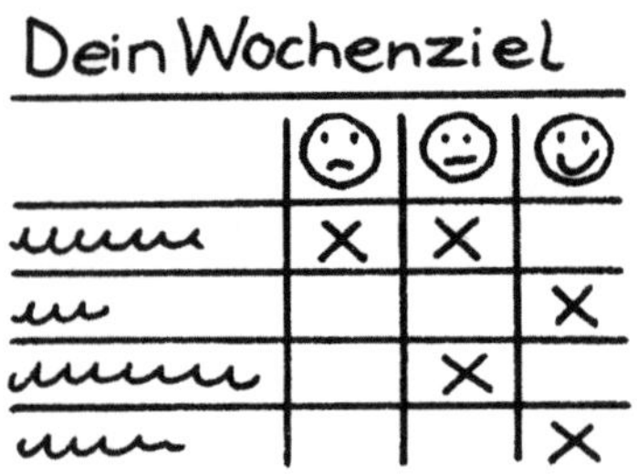

Name: ______________________________

Datum: ______________________________

Mein Ziel für diese Woche:

____

____

Montag	☹	😐	☺
Dienstag	☹	😐	☺
Mittwoch	☹	😐	☺
Donnerstag	☹	😐	☺
Freitag	☹	😐	☺

Das hast du gut gemacht:

____

____

Das kannst du noch verbessern:

____

____

______________________________ Unterschrift Lehrer/in

______________________________ Unterschrift Schüler/in

KV 20 Willkommensgruß

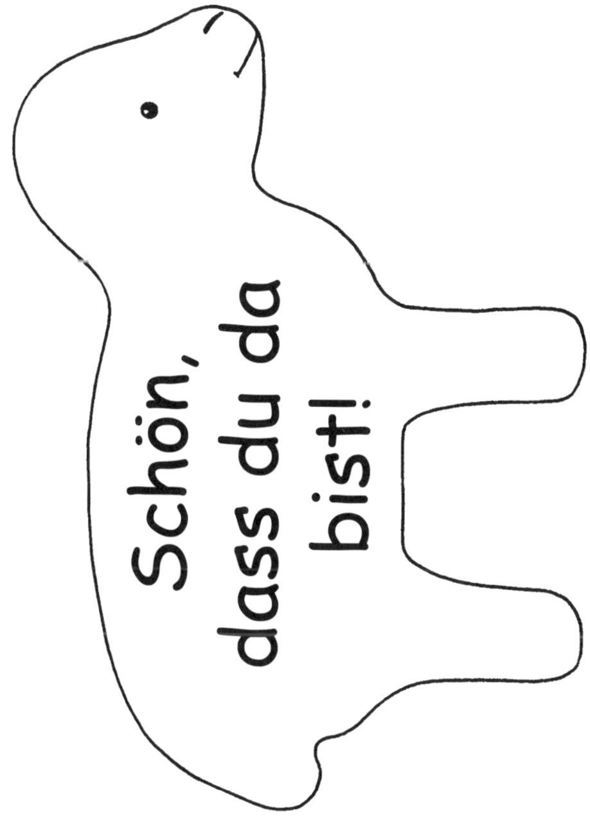

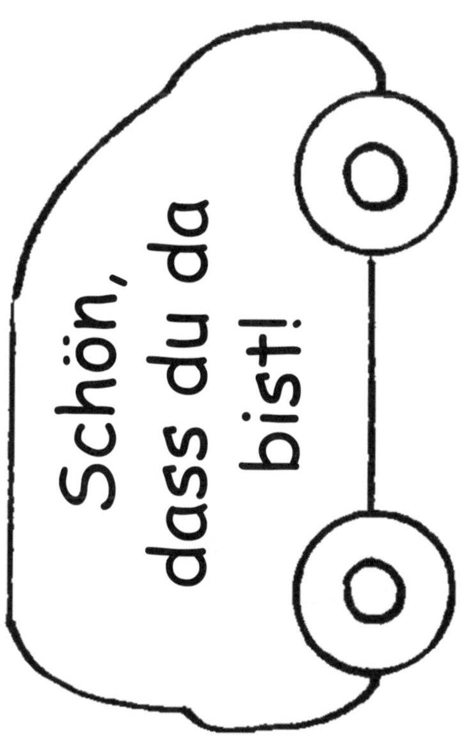

KV 21 Zwergen-Zeugnis

ZWERGEN-ZEUGNIS

für: ______________________________

Lesen ☺ 😐 ☹ 	Schreiben ☺ 😐 ☹ 
Rechnen ☺ 😐 ☹ 	Sachunterricht ☺ 😐 ☹ 
Singen ☺ 😐 ☹ 	Malen ☺ 😐 ☹ 
Sport ☺ 😐 ☹ 	Hausaufgabe ☺ 😐 ☹ 
Ordnung halten ☺ 😐 ☹ 	Mit anderen Kindern vertragen ☺ 😐 ☹ 
Zuhören ☺ 😐 ☹ 	Mitarbeiten ☺ 😐 ☹ 
Mit anderen Kindern arbeiten ☺ 😐 ☹ 	An Klassenregeln halten ☺ 😐 ☹ 

Klassenuhr

Einsetzbar ab Klasse 1

Material: Uhr mit Zeigern (KV 22 – auf DIN A3 vergrößert kopiert und mit einer Musterklammer zusammengesetzt)

Hinweise zum Einsatz:

- Zunächst sollte die Uhr für alle Kinder gut ersichtlich im Klassenzimmer aufgehängt werden. Um noch effektvoller zu arbeiten, kann man auch eine echte Wanduhr verwenden.
- Zu Beginn der Woche sind die Zeiger der Uhr auf 12 Uhr gestellt. Wenn sich die Klasse gut verhält, werden die Zeiger der Uhr zurückgedreht. Bei unpassendem Verhalten wandern die Zeiger nach vorne. So kann die Klasse ihr Verhalten immer symbolisch von der Uhr ablesen.
- Wichtig ist, dass am Ende des Tages darüber gesprochen wird, welche Gründe es hat, dass die Uhr die jeweilige Einstellung hat.
- Am Ende des Tages bleiben die Zeiger so stehen, dass der Ablauf für eine ganze Woche gilt.
- Auch am Ende der Woche sollte eine kurze Reflexionsrunde stehen. Sollten die Zeiger dann vor 12 Uhr stehen, können die Kinder belohnt werden, z. B. mit einem Sticker.

Tipp:
Stellen Sie die Zeiger der Uhr, ohne es den Kindern anzukündigen. Wenn es ein Schüler bemerkt, wird es auch den anderen auffallen und das positive Verhalten wird zusätzlich verstärkt bzw. das negative Verhalten wird eingestellt.

Klassometer

Einsetzbar ab Klasse 1

Material: Thermometer mit Pfeil (KV 23 – vergrößert kopiert), Schilder (KV 24 – am besten auf rotes/gelbes/grünes Papier kopiert)

Hinweise zum Einsatz:

- Das Thermometer wird von unten nach oben mit den Farben grün, gelb und rot in weichen Übergängen ausgemalt und für die Kinder gut ersichtlich im Klassenzimmer aufgehängt. Daneben werden auf den passenden Höhen die drei Schilder platziert. Je nach Verhalten der Kinder wandert der Pfeil nach oben oder unten.
- Am Ende des Tages sollte eine gemeinsame Reflexion darüber stattfinden, in der die Kinder sich eigenständig dazu äußern, warum der Pfeil auf welcher Höhe steht. Hier kann von Zeit zu Zeit eine Belohnung mit Stickern erfolgen.

Tipp:
Stellen Sie den Pfeil, ohne es den Kindern anzukündigen. Wenn es ein Schüler bemerkt, wird es auch den anderen auffallen und das positive Verhalten wird zusätzlich verstärkt bzw. das negative Verhalten wird eingestellt.

Motto der Woche

Einsetzbar ab Klasse 1

Material: weißes Plakat, Kopiervorlage mit Motto der Woche (KV 25), Buntstifte (grün, gelb, rot)

Hinweise zum Einsatz:
- Das Motto der Woche wird zu Wochenbeginn zusammen mit den Kindern vereinbart. Schön ist es, wenn die Kinder selbst etwas nennen, was sie innerhalb der Klasse gerne ändern möchten. Dieser Vorschlag wird dann als „Motto der Woche" auf dem Arbeitsblatt notiert. Das Arbeitsblatt wird in die Mitte eines weißen Plakates geklebt und im Klassenzimmer aufgehängt.
- Nach jedem Wochentag bekommen die Schüler einige Minuten Zeit, um auf dem Plakat festzuhalten, ob sie das Ziel erreicht haben. Sie sollen dazu einen Punkt auf das Plakat malen (grüner Punkt = erreicht, gelber Punkt = teilweise erreicht, roter Punkt = nicht erreicht). Auch der Lehrer darf einen Punkt setzen.
- Am Ende der Woche trifft sich die Klasse im Sitzkreis. Das Plakat liegt in der Mitte. Nun wird über die Einhaltung des Mottos gesprochen. Wichtig ist, dass die Schüler hier immer begründen, warum etwas gut oder weniger gut geklappt hat.

Tipp:
Vor allem zu Beginn müssen die Schüler dazu angehalten werden, dass sie nicht automatisch einen grünen Punkt setzen, um am Ende der Woche als Klasse gut dazustehen. Deshalb sollte man am Ende des Tages (vor dem Setzen der Punkte) einige Kinder ihre Wahl begründen lassen. Hier bedarf es natürlich einer pädagogisch sinnvollen Lenkung des Gesprächs.

Tafelkarten

Einsetzbar ab Klasse 1

Material: (evtl. laminierte) Karten (KV 26/KV 27/KV 28)

Hinweise zum Einsatz:
- Bevor mit den Karten gearbeitet werden kann, sollten diese am besten auf farbiges Papier (rot, gelb, grün) kopiert werden. So sehen die Kinder durch die farblichen Unterschiede sofort, wie das Klassenverhalten gesehen wurde.
- Mit den Kindern wird vereinbart, dass jeweils nach der Pause eine Karte an der Tafel hängt, die Auskunft darüber gibt, wie die Kinder vor der Pause gearbeitet haben. Wichtig ist, dass sich die Kinder im anschließenden Gespräch darüber austauschen, warum sie die jeweilige Karte bekommen haben.
- In der ersten Klasse wird mit den Smiley-Karten gearbeitet, da diese leichter verständlich sind.

Tipp:
Reservieren Sie die Karte „Sensationell gut!" für ein absolut einwandfreies Arbeits- und Sozialverhalten. Damit bleibt der besondere Ansporn für diese Karte erhalten. Zusätzlich können die Kinder beim Erreichen der Karte mit einem Sticker belohnt werden.

Unser Lernweg

Einsetzbar ab Klasse 1

Material: Meditation (KV 29), verschiedene Teile des Lernweges (KV 30/KV 31 – kopiert und zusammengesetzt), Schilder/Fußabdrücke/Blumen/Steine (KV 32) in ausreichender Anzahl

Hinweise zum Einsatz:
- Der Lernweg kann in individueller Länge (je nach räumlichen Gegebenheiten – bei Bedarf einfach ein oder mehrere Mittelstücke ergänzen) angefertigt werden. Er sollte so im Klassenzimmer angebracht werden, dass er für alle Kinder ersichtlich ist.
- Zu Beginn des Schuljahres kann man zusammen mit der Klasse eine Meditation durchführen (siehe Text). Die Schüler greifen auf, für was die Schilder, die Steine und die Blumen stehen könnten. Sie gestalten eigene Fußabdrücke (kopierte Vorlage oder Umriss des jeweils eigenen Fußes), auf denen notiert wird, wie sich die Schüler das neue Schuljahr vorstellen, auf was sie sich freuen und was sie fürchten. Diese Fußabdrücke werden entlang des Weges (unterhalb und oberhalb) aufgehängt.
- Im Laufe des Schuljahres wird der Lernweg nun inhaltlich ergänzt. Die Schilder sind dazu gedacht, dass darauf verschiedene Lerninhalte oder -methoden notiert werden, die kennengelernt werden. Die Steine stellen Hürden oder Hindernisse dar und die Blume symbolisiert besondere Ereignisse, wie z. B. einen Ausflug. In gewissen Abständen sollte dieser Lernweg immer im Gespräch mit den Kindern wachsen und ergänzt werden.
- Als Alternative könnte der Lernweg auch klein kopiert werden, sodass jedes Kind auf ein Plakat bzw. in ein gesondertes Heft (z. B. So-lerne-ich-Heft – siehe S. 50) einen eigenen individuellen Lernweg gestalten kann.

Tipp:
Laminieren Sie die Schilder, Steine und Blumen. So können sie mit wasserlöslichem Folienstift beschrieben werden und in jedem Schuljahr wieder neu verwendet werden.

§ Klassenvertrag

Einsetzbar ab Klasse 1

Material: Vertragsplakat (KV 33 – auf DIN A3 vergrößert kopieren), Reflexionskarte (KV 34)

Hinweise zum Einsatz:
- Die Kinder sammeln selbst innerhalb der Klasse Regeln, die sie für wichtig erachten, damit ein Zusammenleben gut funktioniert.
- Dies kann auch mit einer etwas provokanten Aussage erfolgen: „Stelle dir vor, ab heute gäbe es an unserer Schule und in unserem Klassenzimmer keine Regeln mehr."
- Die Kinder finden in Gruppen eigene Regeln. Bestimmte Kategorien kann man ihnen vorgeben, z. B. Ordnung, Verhalten in der Pause, Arbeitseinstellung, Verhalten im Klassenzimmer.
- Je nachdem, wie viele Regeln gefunden werden, wird darüber abgestimmt, welche Regeln auf das Plakat geschrieben werden. Es können auch alle Regeln übernommen werden.
- Auf dem Plakat werden die Regeln fixiert, anschließend wird das Plakat von allen Schülern und dem Lehrer unterschrieben.

Tipp:
Holen Sie den Klassenvertrag während des Jahres wieder ins Bewusstsein der Kinder, indem Sie sie mithilfe der Reflexionskarte darüber nachdenken lassen, was gut bzw. weniger gut läuft und wie sich die Klasse verbessern kann.

KV 22 Klassenuhr

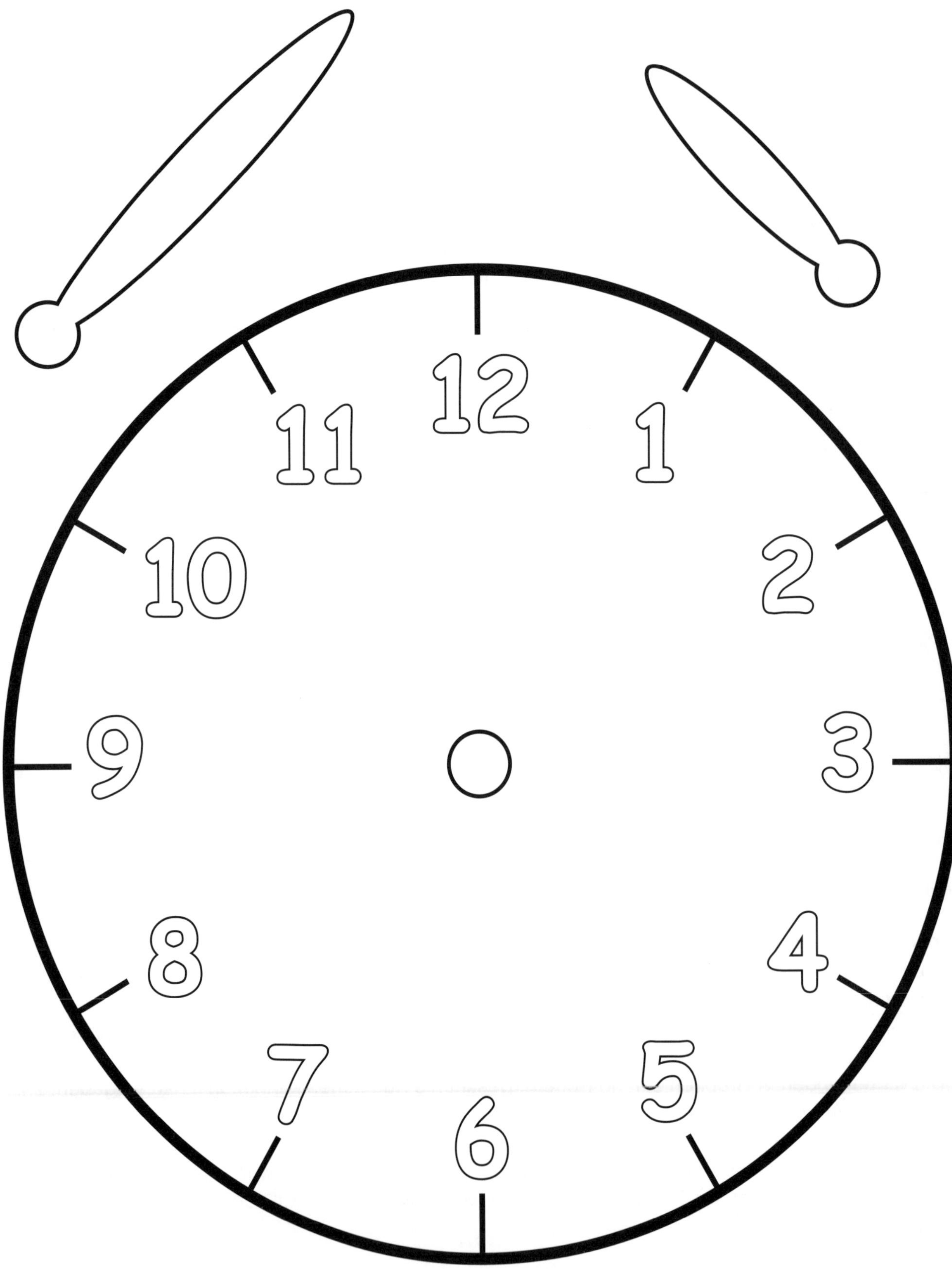

KV 23 Klassometer: Thermometer

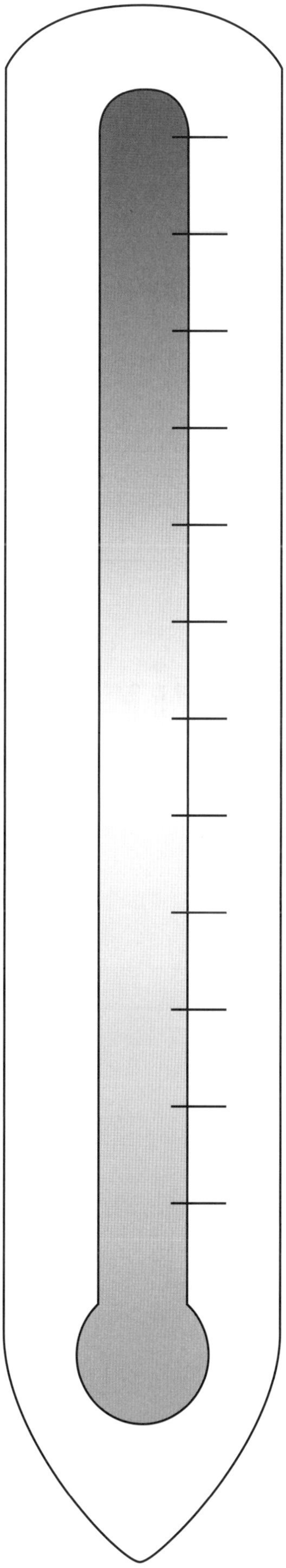

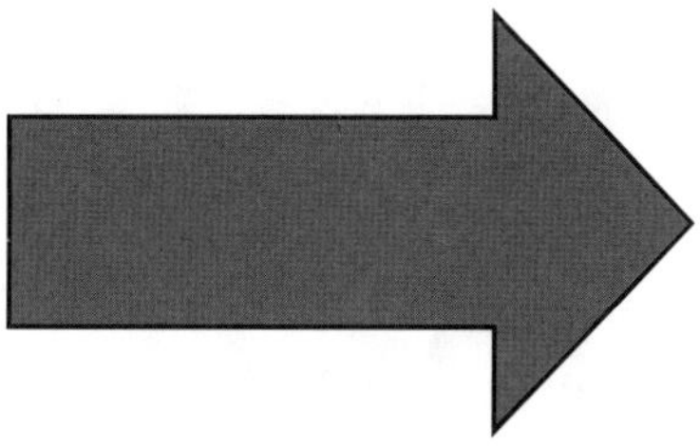

KV 24 Klassometer: Schilder

Alles im grünen Bereich!

Jetzt sollten wir aufpassen!

Alarmstufe Rot!

KV 25 Motto der Woche

Unser
Motto der Woche
heißt:

Stefanie Pohlmann: Loben – Belohnen – Verstärken

KV 26 Tafelkarten I

Sensationell gut!

Das könnt ihr besser!

Ihr habt toll gearbeitet!

Es war zu laut, um gut zu arbeiten.

KV 28 Tafelkarten III

KV 29 Unser Lernweg: Meditation

Meditation „Unser Lernweg“

(kann mit Meditationsmusik unterstützt werden)

Du stehst am Anfang eines Weges.
Jeder Weg hat einen Anfang.
Von dort kommen wir und genau da stehen wir jetzt.
Vor dir liegt der Weg durch das 1.(2./3./4.) Schuljahr.
Du streckst dich und versuchst zu sehen,
wohin der Weg führen wird.
Alles kannst du noch nicht überblicken.
Du weißt nicht, was alles auf dich zukommen wird.
Bestimmt wirst du im Laufe des Jahres viele tolle Sachen erleben.
Du kannst mit deinen Freunden spielen, ihr werdet Ausflüge machen und viel Spaß gemeinsam haben.
Diese Erlebnisse werden deinen Weg durch das 1. (2./3./4.) Schuljahr verschönern.
An sie wirst du gerne denken.
Bestimmt gibt es aber auch Zeiten, in denen es für dich schwer wird, diesen Weg zu gehen.
Der Weg wird steiler und es ist anstrengend, ihn zu gehen.
Es gibt viel zu lernen und zu arbeiten, vielleicht gibt es auch einmal einen Streit in der Klasse.
Es scheint, als möge dir jemand einen Stein in den Weg legen.
Doch gemeinsam werdet ihr auch diese Situationen meistern.
Jeden Tag wirst du etwas Neues lernen.
Darauf kannst du stolz sein.
Dein Weg wird voll sein mit neuen Dingen.
Ist das nicht toll?
Wo dieser Weg genau **dich** hinführt, wissen wir nicht.
Aber wir gehen ihn Schritt für Schritt gemeinsam, freuen uns an den Blumen, die wir unterwegs sehen, und klettern gemeinsam über Felsen, die uns in den Weg gelegt werden.
Denn eines ist sicher und das dürfen wir nie vergessen:

Gemeinsam sind wir stark!

Arbeitsauftrag nach der Meditation:

Hole dir einen leeren Fußabdruck bzw. stelle mit deinem Fuß einen Fußabdruck her und schreibe hinein, auf was du dich dieses Jahr freust und vor was du Angst hast.

Wenn du möchtest, kannst du es den anderen Kindern deiner Klasse vorlesen.

KV 30 Unser Lernweg: Weg I

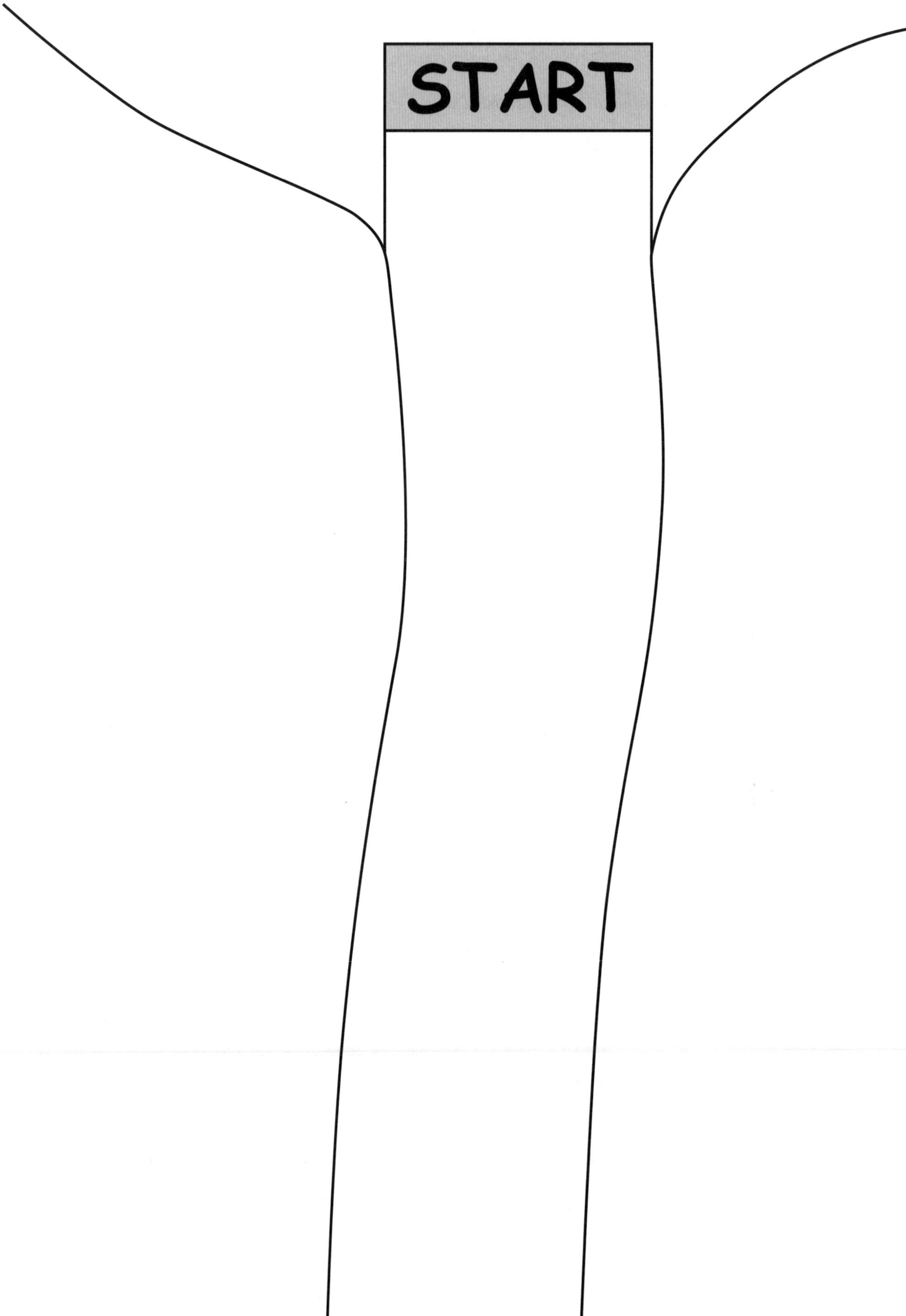

KV 31 Unser Lernweg: Weg II

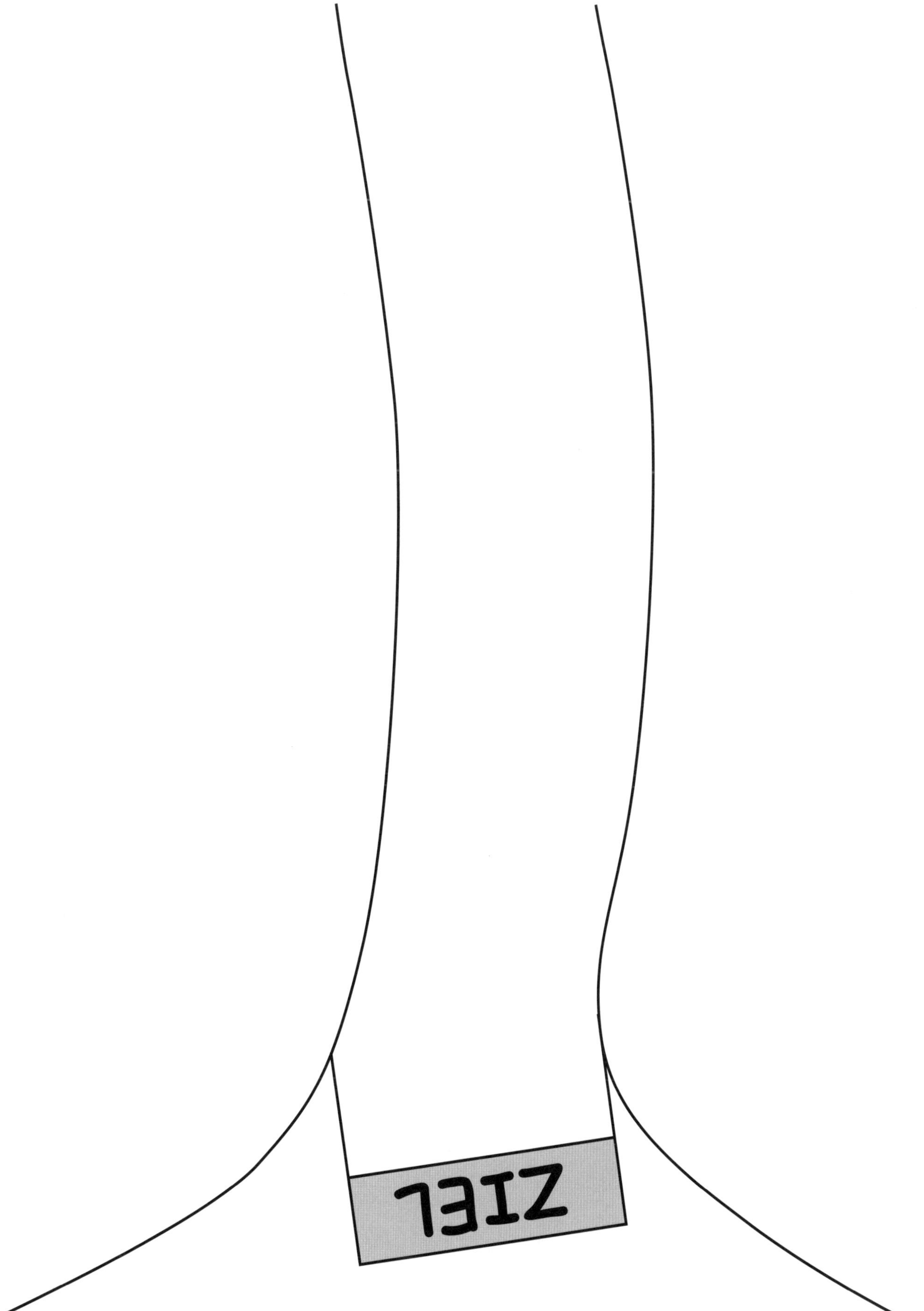

KV 32 Unser Lernweg: Schild, Stein, Blume und Fuß

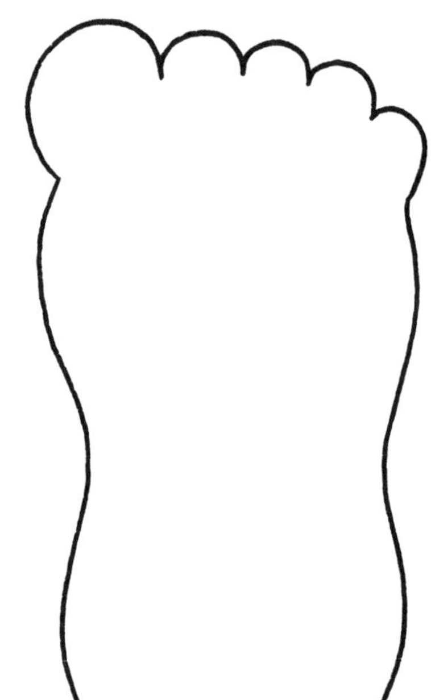

Unser Klassenvertrag

Wir wollen uns an diese Regeln halten:

Datum: ____________________

KV 34 Klassenvertrag: Reflexionskarte

So halten wir uns an unseren Klassenvertrag

☺ 😐 ☹

An diese Regel haben wir uns gut gehalten:

____

____

An diese Regel haben wir uns noch nicht so gut gehalten:

____

____

Das können wir tun, damit unser Verhalten noch besser wird:

____

____

So halten wir uns an unseren Klassenvertrag

☺ 😐 ☹

An diese Regel haben wir uns gut gehalten:

____

____

An diese Regel haben wir uns noch nicht so gut gehalten:

____

____

Das können wir tun, damit unser Verhalten noch besser wird:

____

____

Ballonfahrt

Einsetzbar ab Klasse 2

Material: Meditation (KV 35/KV 36), Ballone (KV 37 – zum Ausmalen für Schüler), laminierte Wolken (KV 38/KV 39), Fotos von jedem Schüler, Laminierfolien, schwarzer Filzstift, Fäden (Hüllenseile)

Hinweise zum Einsatz:
- Diese Meditation kann als Vorbereitung für ein gemeinsames Türplakat verwendet werden. Während der Meditation sollte dazu passende Musik eingespielt werden. Die Kinder machen es sich an ihrem Platz bequem. Oft hilft auch der Hinweis, dass sie die Augen schließen sollen.
- Nach dem gelesenen Meditationstext erhalten die Kinder jeweils einen Ballon, den sie mit kräftigen, bunten Farben ausmalen sollen (jedes Feld in einer anderen Farbe). Der Korb wird braun ausgemalt.
- Auf den fertigen ausgemalten Ballon wird dann in die Mitte ein Foto des jeweiligen Kindes geklebt. Der Korb wird mit dem Namen des Kindes beschriftet.
- Beide Teile werden laminiert (sehr zu empfehlen, da das Türplakat das ganze Jahr über an der Tür hängen soll) und dann von den Kindern ausgeschnitten. Korb und Ballon werden durch Fäden (Hüllenseile) miteinander verbunden.
- Beim Aufhängen an der Türe werden zunächst die vier Wolken (Klassenname auf Wolke notieren) an der Tür verteilt. Anschließend werden die Ballone auf der Tür, bei Bedarf auch daneben, angebracht.

Tipp:
Sie sollten kein Kind dazu zwingen, bei der Meditation mitzumachen. Manche Kinder können sich darauf nicht einlassen. Diese Schüler könnten sich währenddessen still mit einem Buch in der Leseecke beschäftigen. Den Ballon sollen sie anschließend auch gestalten.

Bogen zur Selbsteinschätzung

Einsetzbar ab Klasse 1

Material: Selbsteinschätzungsbogen (KV 40)

Hinweise zum Einsatz:
- Die Arbeit mit den Selbsteinschätzungsbögen bietet sich zu jeder Zeit des Schuljahres an. Nach dem Zwischenzeugnis ist die Anwendung jedoch eher ungewohnt, da die Kinder hier Feedback in Form des Zeugnisses erhalten haben.
- Der Bogen soll in Einzelarbeit (ruhige Musik unterstützt das Nachdenken) ausgefüllt werden.
- Der Lehrer gibt den Kindern dann ein ehrliches Feedback, indem er auch seine Meinung zu den einzelnen Punkten abgibt.
- In einem anschließenden individuellen Gespräch über den Bogen können Abweichungen besprochen werden, sodass das Kind auch die Sichtweise des Lehrers verstehen lernt.
- Der Bogen verbleibt beim Kind und den Eltern. Ein kopiertes Exemplar kann der Lehrer zu den Schülerbeobachtungen heften.
- Zunächst fällt es den Schülern nicht leicht, sich über ihre eigenen Fähigkeiten zu äußern. Hierzu braucht es Unterstützung und Ermutigung. Sie sollen lernen, sich selbst richtig einzuschätzen und sich mit ihren Stärken und Schwächen zu akzeptieren.
- Der ausgefüllte Bogen gibt Schülern, Lehrern und Eltern einen guten Überblick über die schulischen Leistungen des jeweiligen Kindes.

Tipp:
Die Selbsteinschätzungsbögen sollten nicht gleich zu Beginn des Schuljahres ausgefüllt werden. Lassen Sie etwas Zeit vergehen, so können die Schüler sich selbst besser einschätzen und auch Sie haben ein besseres Wissen über die Schüler.

Mein So-lerne-ich-Heft

Einsetzbar ab Klasse 2

Material: DIN-A4-Heft (blanko), Deckblatt (KV 41), Kopiervorlagen (KV 42/KV 43), Tipps (KV 44)

Hinweise zum Einsatz:
- Jedes Kind benötigt ein Blanko-DIN-A4-Heft, das es dann nach seinen eigenen Vorstellungen führen kann.
- Zunächst gestalten die Kinder das Deckblatt, das auf die Umschlagvorderseite geklebt wird.
- Die Tipps werden an der Umschlaginnenseite befestigt.
- In der 2. Klasse arbeiten die Kinder mit den Kopiervorlagen, die in ausreichender Zahl bereitliegen müssen.
- Ab der 3. Klasse ist es den Kindern freigestellt, ob sie die Kopiervorlagen verwenden oder die Seiten frei gestalten. Die Tipps helfen ihnen dabei.
- Am Ende eines Unterrichtstages oder am Ende einer Unterrichtssequenz zu einem bestimmten Thema machen sich die Schüler Gedanken zu ihrem eigenen Lernverhalten und ihren Lernfortschritten. Sie fördern hiermit automatisch ihre Fähigkeit, sich selbst einzuschätzen und zu beurteilen.

Tipp:
Geben Sie den Schülern Gelegenheit, ihr So-lerne-ich-Heft den anderen Kindern zu präsentieren. Das könnte in einem Museumsgang passieren. Der Umgang mit dem So-lerne-ich-Heft und dessen Ziel sollte im Elternabend auch den Eltern vorgestellt werden.

Mein Wochenheftchen

Einsetzbar ab Klasse 2

Material: Faltbuchvorlage „Mein Wochenheftchen“ (KV 45), Faltbuchanleitung (KV 46)

Hinweise zum Einsatz:
- Das Wochenheftchen bekommt jeder Schüler zu Beginn der Woche ausgeteilt.
- Es wird gemeinsam zu einem kleinen Faltbuch zusammengebastelt.
- Nach einigen Wochen kann das Faltbuch auch schon bereitliegen, wenn die Kinder ins Klassenzimmer kommen, da sie es dann schon ohne Anleitung basteln können.
- Am Ende jedes Schultages sollten die Schüler etwas Zeit bekommen, um ihre aktuelle Tagesseite zu gestalten.
- Die Formulierungen der Kinder können sich auf Lerninhalte, aber auch auf Sozial- oder Arbeitsverhalten beziehen.
- Gerne können Kinder, die das möchten, im Anschluss vorlesen, was sie notiert haben. Kein Kind sollte jedoch dazu gezwungen werden.
- Die öffentliche Reflexion kann auch in einer Art Museumsgang erfolgen. Die Kinder gehen durch das Klassenzimmer und können an den einzelnen Schülerplätzen nachlesen. Kinder, die nicht wollen, dass ihr Heftchen gelesen wird, schieben es unter das Federmäppchen.

Tipp:
Viele Schüler brauchen bei der Einführung des Wochenheftchens Hilfe, da es ihnen schwerfällt, über sich selbst zu reflektieren. Diesen Kindern sollte die Möglichkeit gegeben werden, dass sie sich zusammen mit anderen Schülern oder auch mit dem Lehrer austauschen können.

So war es für mich

Einsetzbar ab Klasse 1

Material: Bildkarten (KV 47/KV 48), evtl. Muggelsteine

Hinweise zum Einsatz:
- Die Bildkarten können an verschiedenen didaktischen Orten eingesetzt werden:
  - Während einer Unterrichtssequenz können sie zur Zwischenreflexion verwendet werden. Das ist hilfreich, da man daraus Überlegungen für die Weiterarbeit anstellen kann.
  - Am Ende einer Unterrichtseinheit geben die Karten einen Überblick über die Erfahrungen, die die Kinder während der Arbeit gemacht haben.
  - Zudem kann man die Karten am Ende jedes Schultages einsetzen. So geben sie jedoch keine Information darüber, wie es den Schülern bei einer bestimmten Arbeit erging, sondern darüber, wie die Gesamterfahrungen über den Tag waren.
- Auch die methodische Arbeit mit den Karten kann sich durchaus unterscheiden:
  - Man kann die Karten in die Kreismitte legen. Nun können Kinder, die sich äußern wollen, sagen, wie es ihnen ergangen ist. Der Lehrer kann das Gespräch mit Fragen wie „Wem ist es ähnlich gegangen?“ oder „Wer hat andere Erfahrungen gemacht?“ lenken.
  - Um alle Kinder zu erreichen, ohne dass sich jedoch jedes Kind äußern muss, kann man mit Muggelsteinen arbeiten. Bei leiser Musik wird den Schülern Zeit gegeben, den Muggelstein auf das für sie passende Bild zu platzieren. Im Anschluss kann gefragt werden, ob ein Kind etwas zu seinem Stein sagen möchte. Sollte sich hier kein Gespräch ergeben, kann man ein Gespräch auch mit Fragen wie „Warum, glaubst du, liegen so viele Steine bei …?“ voranbringen. Sollte kein Kind etwas sagen wollen, dann kann der Lehrer auch das Wort ergreifen, einen Muggelstein legen und erzählen, wie er es empfunden hat.

Tipp:
Wichtig ist, dass die Kinder ihre Entscheidung immer auch begründen. So kann man diese Einblicke auch für die Weiterarbeit verwenden.

KV 35 Ballonfahrt: Meditation I

Meditation „Ballonfahrt zum Schuljahresbeginn“

(kann mit Meditationsmusik unterstützt werden)

Es ist Sommer.
Du liegst auf einer wunderschönen grünen Blumenwiese.
Du genießt die Wärme, die durch deinen kompletten Körper strömt.
Du genießt die Sonnenstrahlen, die dich im Gesicht kitzeln und dich zum Lachen bringen.

Plötzlich erblickst du in einiger Entfernung einen Heißluftballon, der zur Abfahrt bereitsteht.
Daneben steht ein Mann, er winkt dir und bittet dich, näherzukommen.
Gut gelaunt gehst du zum Ballon, du wirst in den Korb gebeten und steigst ein.
Der Mann erklärt, dass für dich nun die Reise über das Land der .... Klasse (passende Jahrgangsstufe einsetzen) beginnt. Du bist gespannt und kannst es kaum erwarten, welche Abenteuer dich erwarten werden.

Als der Ballon von der Erde abhebt, schaust du noch einmal zurück.
Die letzten Ferienwochen liegen hinter dir, voll mit tollen Ausflügen, Sonnenschein, Urlaub und guter Laune.
Doch dein Blick hält sich nicht lange in der Vergangenheit, zu aufgeregt bist du.

Als du jetzt aus dem Ballonkorb schaust, erkennst du viele Dinge, die im neuen Schuljahr auf dich zukommen:

In einer Ecke sitzen Kinder beisammen, die sich gegenseitig einige Rechnungen stellen.
Sie können schon mit Zahlen bis zu 100 (1000, 1 000 000) rechnen.
Mit viel Spaß wiegen sie Gegenstände ab und messen gegenseitig, wie groß sie sind.
Aus verschiedenen Körpern und Würfeln bauen sie Gebäude.

An einer anderen Stelle werden tolle Geschichten geschrieben.
Die Kinder lesen sie sich gegenseitig vor und haben viel Freude dabei.
Mit Lupen untersuchen sie, wie Wörter richtig geschrieben werden und wie Sätze aufgebaut sind.
Sie lesen spannende Bücher und stellen sich diese auch gegenseitig vor.
Man sieht ihnen an, wie viel Freude es ihnen bereitet.

Über dem Sachunterrichtsland siehst du einen Wald, in dem verschiedene Tiere wohnen.
Bäume und andere Pflanzen zeigen sich in ihrer vollen Pracht.
An einem Fluss siehst du Fische, Enten und andere Wassertiere.
Spannend, welche Dinge es in unserer Natur zu entdecken gibt.
Da sind auch Kinder auf Fahrrädern, die gerade lernen, wie sie sich im Straßenverkehr richtig verhalten sollen.

(*Fortsetzung auf nächster Seite* →)

KV 36 Ballonfahrt: Meditation II

(Fortsetzung)

Kinder turnen auf verschiedenen Sportgeräten, spielen mit Bällen oder tanzen über die Erde.
Du hörst verschiedenen Lieder und Melodien.
Noch sind sie dir fremd.
Bestimmt kannst du im Laufe des Schuljahres aber laut mitsingen.
An einer Wand hängen wunderschöne selbstgemalte Bilder.

(Dieser Absatz kann auch mit schul- bzw. klassenspezifischen Dingen gefüllt werden, von denen die Kinder am Jahresanfang schon wissen, z. B. Schullandheimaufenthalt, Schulfest, Projektwoche, ... Auch fachliche Inhalte können so abgeändert werden, dass es genau auf die jeweilige Klasse passt.)

Der Mann, der deinen Ballon lenkt, sagt, dass du auch bald zu diesen Kindern gehören wirst.
Du findest es toll, wie gut diese Kinder zusammen lernen und zusammen Spaß haben.
Nur selten sieht man Situationen, in denen sich die Kinder nicht gut miteinander vertragen.
Aber auch hier gibt es immer Möglichkeiten, einen Streit möglichst schnell wieder zu beenden.

Langsam geht deine Reise im Heißluftballon zu Ende.
Du schaust noch einmal zurück und freust dich so sehr auf all das, was vor dir liegt, dass du gar nicht merkst, wie der Ballon langsam immer niedriger steigt und schließlich wieder den Erdboden berührt.

Du steigst aus dem Korb, bedankst dich bei dem Mann und machst dich auf den Rückweg.
Du gehst deinen bekannten Schulweg und kannst schon dein Schulhaus erkennen.
Du öffnest die große Eingangstür, gehst zu deinem Klassenzimmer und setzt dich auf deinen Platz.

Nach der Meditation:
- *kräftig strecken*
- *durchatmen; Hände dabei auf den Bauch legen*
- *sich gerade an den Platz setzen*

Du darfst jetzt selbst auch ganz gespannt sein, was dich im Laufe der .... Klasse alles erwarten wird.
Damit du immer an deine Reise zurückdenken kannst, bekommst du einen Ballon, den du in kräftigen, bunten Farben ausmalen sollst.

KV 37 Ballonfahrt: Ballon

KV 38 Ballonfahrt: Wolken I

Gemeinsam

entdecken wir

KV 39 Ballonfahrt: Wolken II

die Welt

Klasse

KV 40 Selbsteinschätzungsbogen

So arbeite ich

Name: ______________________ Klasse: __________

Das denke ich			Das denkt mein Lehrer
👍 👉 👎	Lesen		👍 👉 👎
👍 👉 👎	Schreiben		👍 👉 👎
👍 👉 👎	Rechnen		👍 👉 👎
👍 👉 👎	Sachunterricht		👍 👉 👎
👍 👉 👎	Singen		👍 👉 👎
👍 👉 👎	Malen		👍 👉 👎
👍 👉 👎	Sport		👍 👉 👎

Das denke ich			Das denkt mein Lehrer
👍 👉 👎	Hausaufgabe		👍 👉 👎
👍 👉 👎	Ordnung halten		👍 👉 👎
👍 👉 👎	Mit anderen Kindern ver-tragen		👍 👉 👎
👍 👉 👎	Zuhören	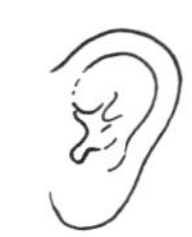	👍 👉 👎
👍 👉 👎	Mitarbeiten		👍 👉 👎
👍 👉 👎	Mit anderen Kindern arbeiten		👍 👉 👎
👍 👉 👎	An Klassenregeln halten		👍 👉 👎

KV 41 Mein So-lerne-ich-Heft: Deckblatt

Mein
So-lerne-ich-Heft

Name:

____

KV 42 Mein So-lerne-ich-Heft: Kopiervorlage I

Datum: ____________________

Das habe ich gelernt:

Das kann ich schon gut:

Das muss ich noch üben:

KV 43 Mein So-lerne-ich-Heft: Kopiervorlage II

Datum: ____________

Hier habe ich noch Probleme:

____

____

____

____

____

____

Das hat mir Spaß gemacht:

____

____

____

____

____

____

Mit diesen Kindern habe ich zusammengearbeitet:

____

____

____

____

____

____

So habe ich mich beim Lernen gefühlt: ☺ 😐 ☹

KV 44 Mein So-lerne-ich-Heft: Tipps

Tipps für dein So-lerne-ich-Heft

1) Schreibe immer ordentlich und denke bei jedem Eintrag an das Datum.

2) Folgende Fragen können dir helfen:
   - Das möchte ich lernen. / Das habe ich gelernt.
   - Das kann ich schon. / Das muss ich noch üben.
   - Hier habe ich noch Probleme. / So hat man mir geholfen.
   - Das hat mir Spaß gemacht.
   - Mit diesen Kindern habe ich zusammengearbeitet.
   - Heute gab es Streit, weil …

3) Schreibe auch auf, wie du dich beim Lernen gefühlt hast.

4) Bist du mit deinem Ergebnis zufrieden?

Tipps für dein So-lerne-ich-Heft

1) Schreibe immer ordentlich und denke bei jedem Eintrag an das Datum.

2) Folgende Fragen können dir helfen:
   - Das möchte ich lernen. / Das habe ich gelernt.
   - Das kann ich schon. / Das muss ich noch üben.
   - Hier habe ich noch Probleme. / So hat man mir geholfen.
   - Das hat mir Spaß gemacht.
   - Mit diesen Kindern habe ich zusammengearbeitet.
   - Heute gab es Streit, weil …

3) Schreibe auch auf, wie du dich beim Lernen gefühlt hast.

4) Bist du mit deinem Ergebnis zufrieden?

KV 45 Mein Wochenheftchen: Faltbuchvorlage

Mein Wochenheftchen

Name: ____________

Montag

Das war heute gut:

Das kann ich besser:

Dienstag

Das war heute gut:

Das kann ich besser:

Mittwoch

Das war heute gut:

Das kann ich besser:

Donnerstag

Das war heute gut:

Das kann ich besser:

Freitag

Das war heute gut:

Das kann ich besser:

So war meine Woche:

Schönes Wochenende!!

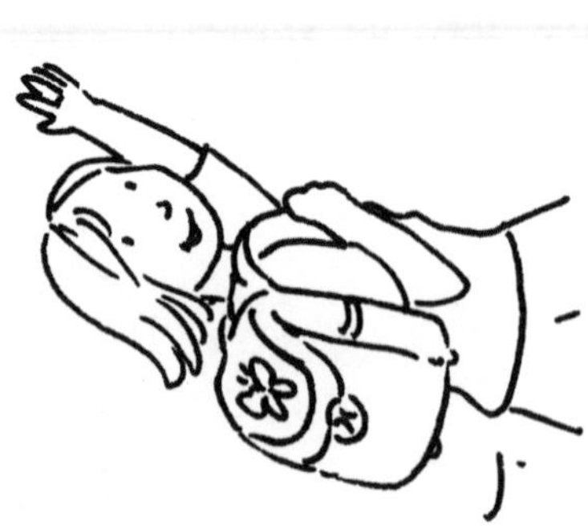

KV 46 Mein Wochenheftchen: Faltbuchanleitung

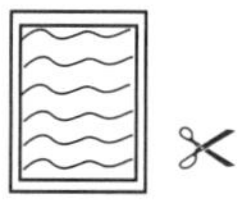

1. Nimm das Blatt in die Hand. Schneide das große Rechteck aus. Das ist dein Blatt, mit dem du weiterbastelst

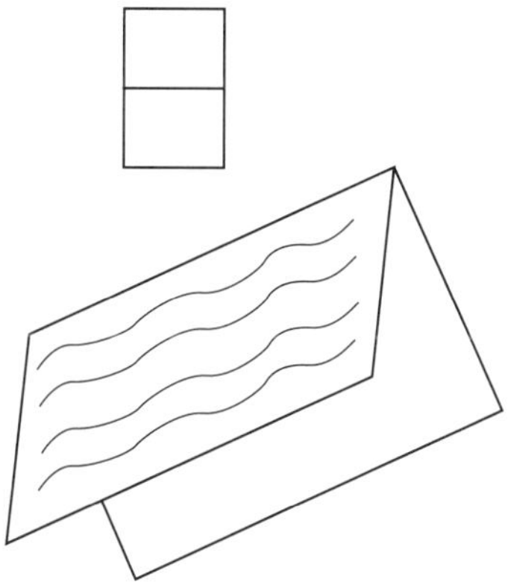

2. Falte das Blatt in der Mitte, die bedruckte Seite soll nach außen schauen.

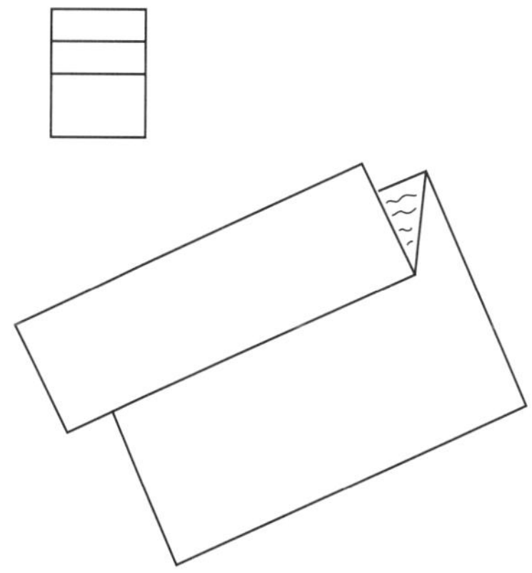

3. Falte einen der Ränder zurück bis zur Mittelfalte.

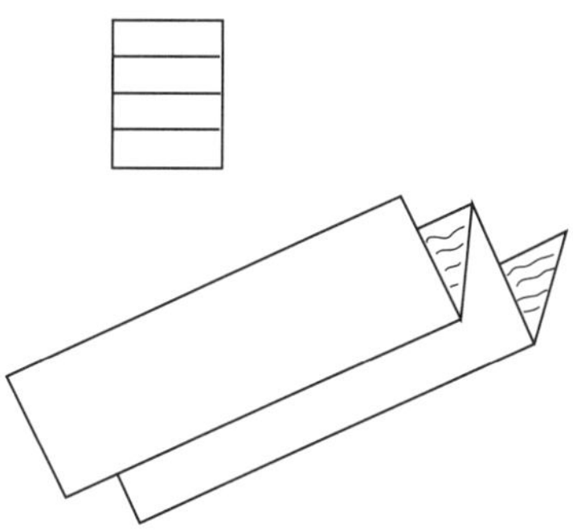

4. Falte dann den anderen Rand zurück zur Mittelfalte.

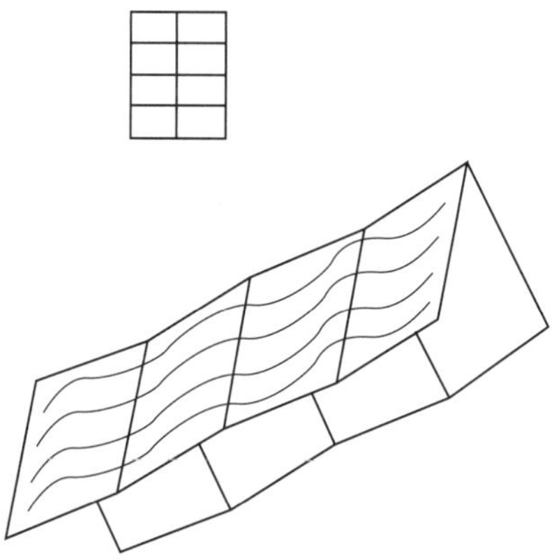

5. Falte das Blatt wieder auseinander und falte es danach längs in der Mitte, die bedruckte Seite soll wieder nach außen schauen.

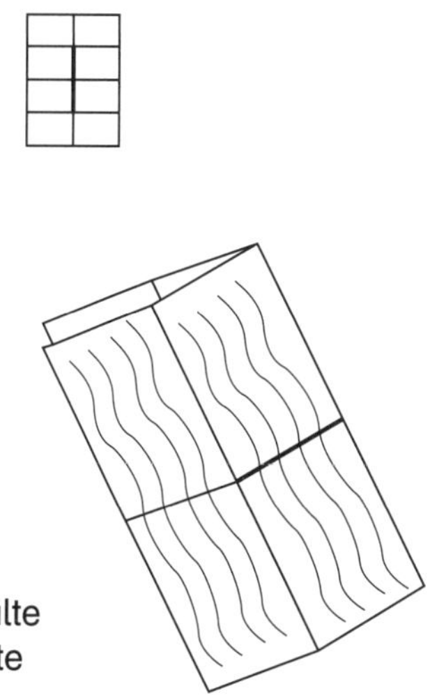

6. Falte nun das Blatt wieder quer und schneide mit der Schere entlang der dicken Linie.

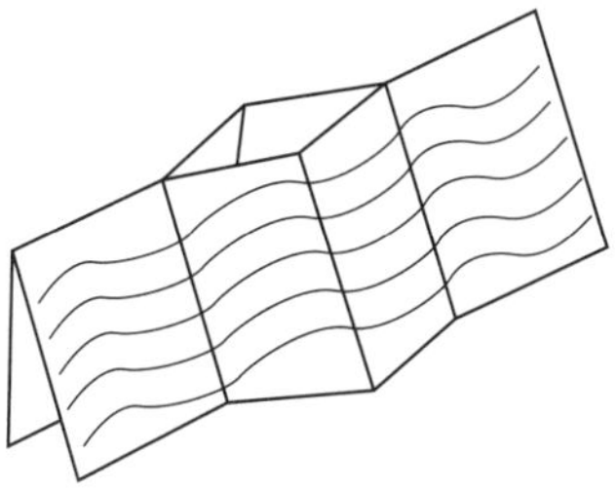

7. Drücke das Blatt von beiden Enden so zusammen, dass die Mitte, die du eingeschnitten hast, auseinandergeht.

8. Drücke nun bis zum Anschlag.

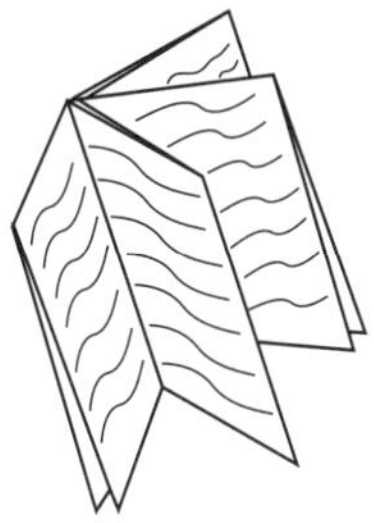

9. Falte als letztes das Blatt von links so zusammen, dass das Titelblatt oben ist.
Dein Buch ist fertig!

KV 47 So war es für mich: Bildkarten I

KV 48 So war es für mich: Bildkarten II

Blumenstrauß-Runde

Einsetzbar ab Klasse 1

Material: Blumen (KV 49), Plakat „Meine schönsten Blumen“ (KV 50)

Hinweise zum Einsatz:
- Eine Blumenstrauß-Runde kann immer dann stattfinden, wenn ein Kind (oder eine Gruppe) einen Vortrag gehalten hat.
- Jedes Kind erhält im Anschluss an den Vortrag eine Blume. Darauf notiert es, was das vortragende Kind besonders gut gemacht hat.
- Zusätzlich kann auf die Blume ein Tipp geschrieben werden, was das Kind beim nächsten Mal noch besser machen kann.
- Die großen Blumen werden ausgefüllt und dem Kind überreicht.
- Mit den kleinen Blumen kann ein Plakat gestaltet werden. Somit sind vor allem auch die Tipps schriftlich fixiert und können immer wieder zu Rate gezogen werden. Die Kinder wählen für das Plakat die Blumen aus, die sie für am schönsten oder hilfreichsten erachten.

Tipp:
Lassen Sie einige Kinder ihre Blumen laut vorlesen, so bekommt das Kind, das den Vortrag gehalten hat, sofort vor dem Plenum eine positive Verstärkung.

Dein Wochenheftchen

Einsetzbar ab Klasse 2

Material: Faltbuchvorlage „Dein Wochenheftchen“ (KV 51), Faltbuchanleitung (KV 46)

Hinweise zum Einsatz:
- Das Wochenheftchen bekommt jeder Schüler zu Beginn der Woche ausgeteilt.
- Es wird gemeinsam zu einem kleinen Faltbuch zusammengebastelt.
- Nach einigen Wochen kann das Faltbuch auch schon bereitliegen, wenn die Kinder ins Klassenzimmer kommen, da sie es dann schon ohne Anleitung basteln können.
- Im Gegensatz zu „Mein Wochenheftchen“ (siehe S. 50) gestalten die Kinder jeweils ein Heftchen für und über ein anderes Kind.
- Die Formulierungen der Kinder können sich auf Lerninhalte, aber auch auf das Sozial- oder Arbeitsverhalten beziehen.
- Man kann entweder so arbeiten, dass ein Kind das komplette Wochenheftchen für einen Mitschüler schreibt, oder aber man wechselt täglich, sodass fünf verschiedene Kinder an einem Heftchen schreiben.
- Gerne können Kinder, die das möchten, im Anschluss vorlesen, was für sie notiert wurde. Kein Schüler sollte jedoch dazu gezwungen werden.
- Das kann auch in einer Art Rundgang erfolgen. Die Kinder gehen durch das Klassenzimmer und können an den einzelnen Schülerplätzen nachlesen. Kinder, die nicht wollen, dass ihr Heftchen gelesen wird, schieben es unter das Federmäppchen.

Tipp:
Viele Schüler brauchen bei der Einführung des Wochenheftchens Hilfe, da es Ihnen schwerfällt, über andere zu reflektieren. Diesen Kindern sollte die Möglichkeit gegeben werden, dass sie sich zusammen mit anderen Schülern oder auch mit dem Lehrer austauschen können.

Sonnenkind der Woche

Einsetzbar ab Klasse 1

Material: Sonne (KV 52) und Strahlen (KV 53) auf gelb kopiert und auf DIN A3 vergrößert, Plakat (blau)

Hinweise zum Einsatz:
- Die Sonne wird auf ein blaues Plakat geklebt.
- Das Plakat wird an einen vereinbarten Platz im Klassenzimmer geklebt.
- Daneben liegen gesondert die auf gelbes Papier kopierten Sonnenstrahlen bereit.
- Zu Beginn der Woche wird das Sonnenkind der Woche bestimmt (z. B. durch Losverfahren).
- Die restlichen Kinder der Klasse haben nun einen Woche lang Zeit, auf einen Sonnenstrahl zu schreiben, was das Kind besonders gut kann, was es die Woche gut gemacht hat oder wobei es ihm diese Woche geholfen hat.
- Die Sonnenstrahlen werden dann um den gelben Kreis geklebt, sodass nach und nach eine komplette Sonne entsteht. Ein Name kann, muss aber nicht, auf den Strahl geschrieben werden.
- Die Sonne darf am Ende der Woche vom Sonnenkind mit nach Hause genommen werden. Hier muss der Hinweis erfolgen, dass der Schüler sich das Plakat an eine Stelle hängen sollte, an der er es immer wieder anschauen kann, wenn es ihm gerade nicht so gutgeht.

Tipp:
Vielen Schülern fällt es zu Beginn schwer, etwas Gutes über ein anderes Kind richtig zu formulieren. In einer ersten Runde könnte daher eine Sonne für eine Fachlehrkraft oder den Klassenlehrer erstellt werden. So wird kein Schüler bloßgestellt.

Lehrer-Zeugnis

Einsetzbar ab Klasse 1

Material: Formular „Lehrer-Zeugnis“ (KV 54/KV 55)

Hinweise zum Einsatz:
- Die beiden Zeugnisformulare sind so eingeteilt, dass sie entweder in den Klassen 1/2 oder in den Klassen 3/4 eingesetzt werden können. Leistungsstarke Kinder einer 2. Klasse können auch mit dem Formular für 3/4 arbeiten.
- Das Formular kann zur Zeit des Halbjahreszeugnisses verwendet werden, aber auch zum Abschluss eines Schuljahres. Wichtig ist, dass man den Schülern erklärt, dass es nicht darum geht, ob sie in dem Fach gute oder weniger gute Leistungen erzielen. Vielmehr ist es wichtig, wie – ihrer Meinung nach – der Lehrer in diesem Fach oder in diesem Teilbereich arbeitet. Schüler der Jahrgangsstufen 3/4 müssen darauf hingewiesen werden, dass ihre Bemerkungen aussagen sollen, was der Lehrer noch besser machen könnte.
- Datum und Unterschrift auf dem Zeugnis sollen den Schülern vermitteln, dass es sich, wie beim wirklichen Zeugnis, um ein wichtiges Formular handelt.

KV 49 Blumenstrauß-Runde: Blumen

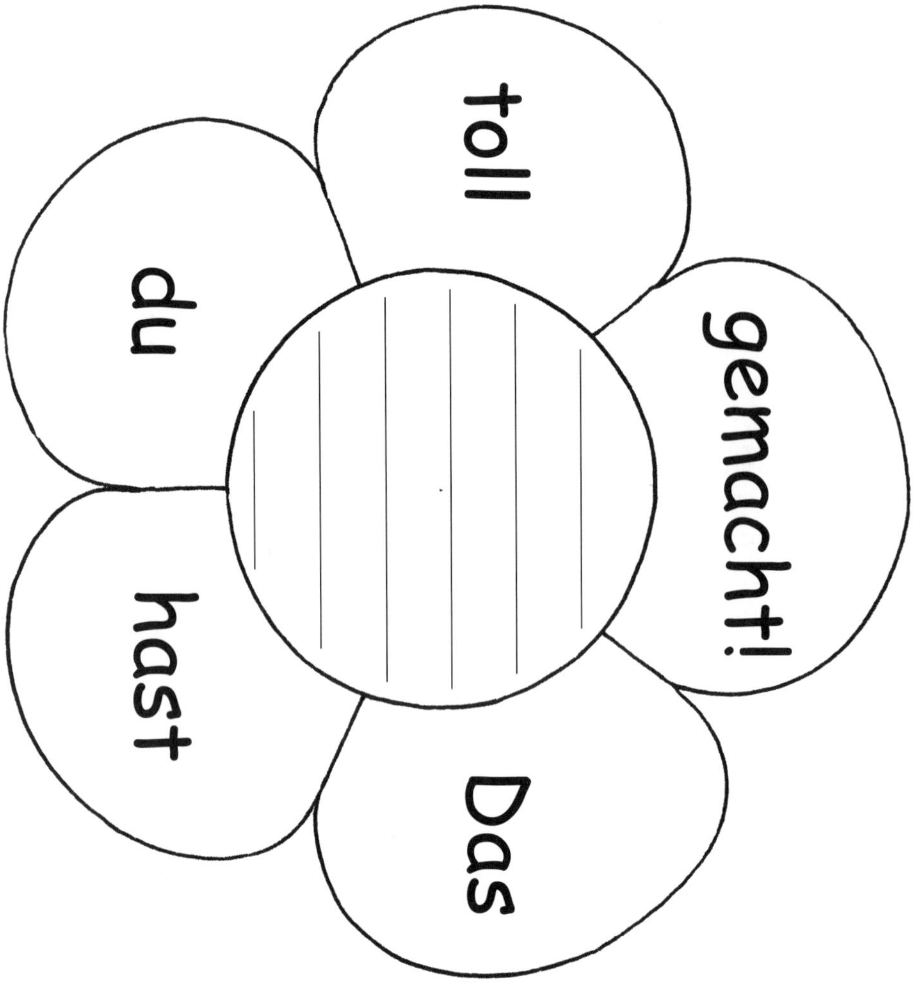

KV 50 Blumenstrauß-Runde: Plakat

Meine schönsten Blumen

KV 51 Dein Wochenheftchen

Dein Wochenheftchen

Name: ____________________

geschrieben von: ____________________

Montag

Das hast du heute gut gemacht:

Dienstag

Das hast du heute gut gemacht:

Mittwoch

Das hast du heute gut gemacht:

Donnerstag

Das hast du heute gut gemacht:

Freitag

Das hast du heute gut gemacht:

So war deine Woche:

Schönes Wochenende!!

KV 52 Sonnenkind der Woche: Sonne

Unser Sonnenkind

____

KV 53 Sonnenkind der Woche: Strahlen

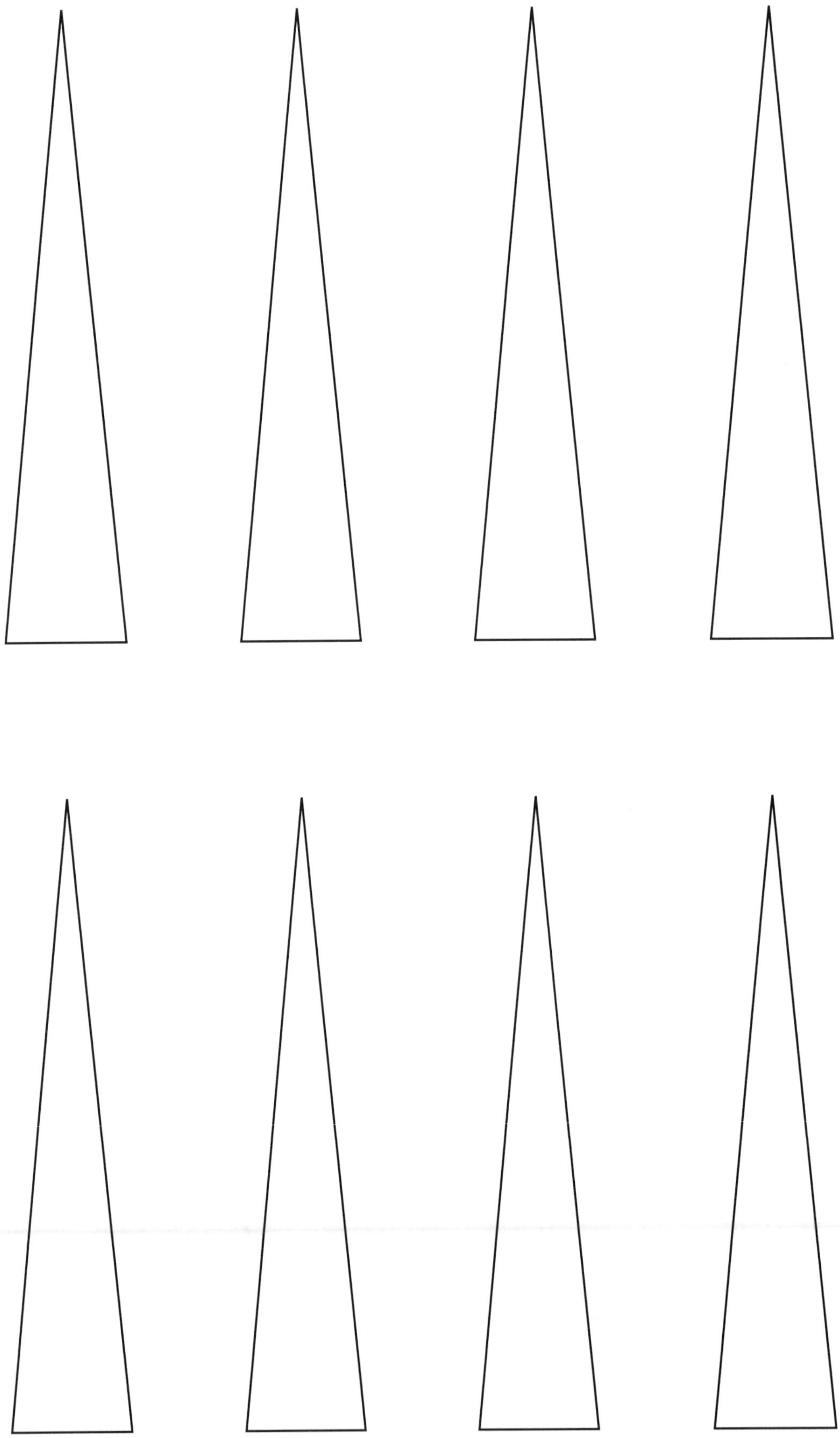

KV 54 Lehrer-Zeugnis I

ZEUGNIS FÜR

Herr / Frau

____

Deutsch ☺ 😐 ☹	Rechnen ☺ 😐 ☹
Sachunterricht ☺ 😐 ☹	Singen ☺ 😐 ☹
Malen ☺ 😐 ☹	Sport ☺ 😐 ☹
erklärt gut ☺ 😐 ☹	hat witzige Ideen ☺ 😐 ☹
ist gerecht zu den Kindern ☺ 😐 ☹	kümmert sich bei Problemen ☺ 😐 ☹
schönes Klassenzimmer ☺ 😐 ☹	Hausaufgaben ☺ 😐 ☹

Datum: ______________ Unterschrift: ______________________________

ZEUGNIS FÜR

Herr / Frau

____

Deutsch	☺ 😐 ☹	
Mathematik	☺ 😐 ☹	
Sachunterricht	☺ 😐 ☹	
Englisch	☺ 😐 ☹	
Musik	☺ 😐 ☹	
Kunst	☺ 😐 ☹	
Sport	☺ 😐 ☹	
Hausaufgaben	☺ 😐 ☹	
Ideen	☺ 😐 ☹	
Gerechtigkeit	☺ 😐 ☹	
Erklären	☺ 😐 ☹	
Kümmern bei Problemen	☺ 😐 ☹	
Klassenzimmer	☺ 😐 ☹	

Datum: ______________ Unterschrift: ______________________________